그냥 이대로
나를 사랑해

움직이는 서재 과거와 현재와 미래를 연결시키는 지식 창고

책과 함께 있다면 그곳이 어디이든 서재입니다.
집에서든, 지하철에서든, 카페에서든 좋은 책 한 권이 있다면 독자는 자신만의 서재를 꾸려서 지식의
탐험을 떠날 수 있습니다. 좋은 책이란, 시대와 세대를 초월해 지식과 감동을 대물림하고, 다양한 연
령들의 소통을 가능케 하는 힘이 있습니다. 움직이는 서재는 공간의 한계, 시간의 장벽을 넘어선 독서
탐험의 동반자가 되겠습니다.

THE SELF-LOVE EXPERIMENT:

Fifteen Principles for Becoming More Kind, Compassionate, and Accepting of Yourself

by Shannon Kaiser

Copyright ⓒ 2017 by Shannon Kaiser
All rights reserved.
Korean translation copyright ⓒ 2018 by INTERPARK (Imprint MOVING LIBRARY)
Korean translation rights arranged with TARYN FAGERNESS AGENCY
through EYA (Eric Yang Agency).

이 책의 한국어판 저작권은 EYA (Eric Yang Agency)를 통해
TARYN FAGERNESS AGENCY와 독점 계약한 '(주)인터파크(임프린트 움직이는서재)'에 있습니다.
저작권법에 의하여 한국 내에서 보호를 받는 저작물이므로 무단전재 및 복제를 금합니다.

진정한 나를 발견하는 90일 셀프 러브 프로젝트

그냥 이대로
나를 사랑해

섀넌 카이저 지음 | 손성화 옮김

90 Days
Self Love Therapy

당신을 딴사람으로 만들려고
최선을 다하는 이 세상에서
다른 누구도 아닌
자기 자신으로
존재하고자 하는 것은
하루하루 힘겨운 전투를
치르는 일과 같다.

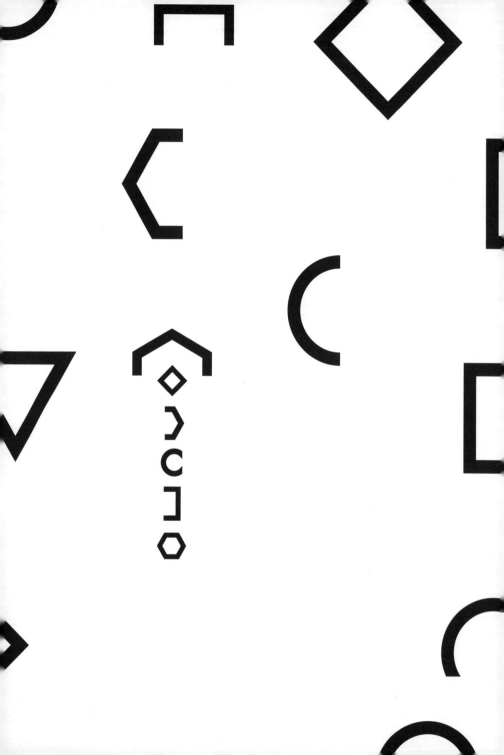

'자기애'는 얻기 위해 애써야 하는 게 아니다.
고군분투하는 과정 안에 있는 것도 아니다.
자기애가 가장 빛나는 순간이란,
나 자신을 있는 그대로 존재할 수 있게 할 때다.
되어야 하고, 바꾸고, 고치고, 수정할 것은
아무것도 없다.

나는 내 존재의 모든 것을
보듬어 안는다.
나는 내가 바라는 모습이
되어가는 중이다.

세상에서 가장 특별한
실험이 시작되다

며칠 전 잠자리에 들 때였다. 베를린에 막 도착한 참이었고, 그곳에서 30일간 머물 예정이었다. 침대에 누워 있는데, 마음 속에서 만족감이 차올랐다. 신기한 일이었다. 그 당시에 내게 는 만족감을 느낄 만한 일이 전혀 없었다. 뭔가 대단한 성과를 거둔 것도 아니었고, 새로운 목표를 향해 미친 듯이 달려가고 있는 것도 아니었다. 바라던 날씬한 몸매를 갖게 된 것도 아 니었고, 항상 꿈꾸던 멋진 남자를 찾아내지도 못했다. 그냥 거 기, 베를린 크로이츠베르크에 있는 2층짜리 연립주택 침대에 누워 잠을 청하고 있을 뿐이었다.

　그런데도 살아 있다는 것이 행복하고, 내가 '나'라서 다행이라는 생각이 들었다.

　난생 처음으로 나는 어떤 것에도 집착하지 않고, 내가 나 자신으로 존재한다는 존재감 속에 머물렀다. 내가 살아 있다는 사실이, 바꾸거나 고칠 게 하나도 없다는 사실이, 내가 '나'라는 사실이 만족스러워서 입가에 미소가 떠나지 않았다. 더 나은 내가 되려고, 더 괜찮은 사람으로 존재하려고 평생을 노력해왔는데, 그 순간 모든 게 명백해졌다. 바꾸거나 고칠 것은 하나도 없었다. 삶은 선물이고, 우리는 그 삶 속에 있으므로 우리라는 존재 자체가 세상에 주는 선물이라는 사실이 명백해졌다. 그 모든 게 '자기애 실험'의 결과였다.

　고백하자면 나는 30년이 넘는 세월 동안 나 자신과 전쟁을 치르며 살아왔다. 무엇보다 나는 내 몸을 증오했다. 인생에서 안 좋은 일이 일어나면 그 일의 원인을 내 몸에서 찾았다. 어긋나버린 관계들, 놓쳐버린 기회들, 거절과 조롱. 모든 게 내 몸이 이렇게 뚱뚱하고 못나서 그런 거라고 생각했다.

수년 동안 어두운 밤이 오면 삐져나온 살들을 꼬집으며 울부짖었다. 더 날씬한 몸이 되게 해달라고, 더 완벽하고 멋진 체형으로 변하고 싶다고 간절히 기도했다. 내 몸을 경멸했기에 나는 나 자신을 전혀 사랑할 수 없었다. 내 생각의 대부분은 내가 얼마나 거대하고 못생겼는지, 얼마나 가치 없는 인간인지에 맞춰져 있었다. 하루 종일 그 생각이 머리를 떠나지 않았다. 거울을 들여다볼 때마다 나는 거울 속에 비친 거구에게 증오에 가득 찬 말을 쏟아부었다. 내가 아니라면! 더 아담하고, 날씬하다면, 이렇게 통통하고 둥글둥글하지 않다면 인생이 지금보다는 훨씬 나았을 텐데!

너무나도 달라지고 싶었기에 나는 무던히도 노력했다. 다이어트를 시도했고 실패하는 일이 반복되었다. 다이어트에 실패할 때마다 자존감은 더 낮아지고, 죄책감은 더 깊어졌으며, 훨씬 더 심한 자기파괴에 시달렸다. 심지어 잠깐이나마 다이어트가 효과를 발휘해서 살을 쫙 뺐을 때조차도 여전히 나는 나를 미워했다. 행복해지려면 내 몸이 바뀌어야 한다고 생각했다. 그런데 몸이 바뀌어도 내 안에 있는 '내면의 비평가'는 결코 달라지지 않았다. 5킬로그램을 빼고 난 뒤 10킬로그램이 더 쪘다. 꼬박 20년 내내 이런 상황이 되풀이됐고, 결국 정상체중보다 45킬로그램이 더 나가는 과체중이 되고 말았다. 자존감이 완전히 바닥을 쳤다.

코칭을 업으로 하는 내게도 스승이 있다. 그는 나의 인생 상담 코치이자 조언자이며 치유자이기도 하다. 뭐라고 부르든 호칭은 중요하지 않다. 내 인생에서 일어나는 어려운 상황들을 내가 더 잘 들여다볼 수 있도록 그가 필요한 조언을 해준다는 것이 중요하다. 몇 년 전에 그를 만났을 때 그는 내게 이렇게 말했다.

"섀넌, 자기 자신을 사랑하면 영원히 변치 않는 사랑 속에 있게 될 거예요. 유일한 숙제는 자기 자신을 사랑할 수 있느냐 하는 거예요."

"그래요. 선생님, 그게 바로 제가 진짜 원하는 거예요."
나는 그렇게 대꾸했지만 실제로는 눈앞에 매달린 사탕을 지켜볼 수밖에 없는 무력한 어린아이가 된 듯한 기분이었다. 살면서 내가 그토록 바라던 달콤한 목표가 거기 있는데, 아무리 손을 뻗어도 닿지 않았다. 그는 내게 거듭 말했다.

"당신이 해야 할 일은 오로지 자기 자신을 사랑하는 것뿐이에 요. 그러면 원하는 모든 걸 가질 수 있어요."

나는 한숨이 나왔다. 그리고 속으로 생각했다.

'노력하고 있어요. 예전부터 노력해오고 있다고요. 하지만 언제쯤 그게 더 쉬워질까요?'

당시에 나는 내가 중요한 존재라는 사실을 아는 것에 초점을 맞추고는 있었지만, 그런 기분은 일시적일 뿐 지속적으로 유지되지 않았다. 엄청나게 기분이 좋고, 내 일을 즐기고, 내 모습이 마음에 드는 날도 있었지만, 대개는 내가 무가치하고, 못생기고, 사랑받을 자격이 없다는 자격지심에 시달렸다. 그러다 그 일이 벌어졌다.

나는 호텔 욕실에서 거울을 들여다보며 수치심에 빠져 울고 있었다. 시애틀 아침 텔레비전 쇼에 출연하기 불과 몇 시간 전이었다. 쇼에서 나는 내 책 《행복 찾기 Find Your Happy》를 소개하고 시청자들에게 행복해지는 법에 관한 요령들을 얘기하기로 되어 있었다. 나는 다른 사람들에게 행복해지는 법을 열정적으로 가르치는 인생 코치였지만 정작 나 자신이 행복해지는 법을 알지 못했다. 정말로 아이러니한 일이었다. 나는 부끄러웠고 내가 자격이 없다고 느꼈다.

물론 당시에도 나는 그전보다는 훨씬 행복한 상태에 있긴 했다. 잘 다니던 광고 회사를 때려치웠고, 국토를 가로질러 사는 곳을 옮겼으며, 나와 결혼하기를 원했던 남자와도 헤어졌다. 그저 마음이 이끄는 대로 따라가면서 내 오랜 지병이었던 섭식 장애와 약물 중독, 임상 우울증을 이겨냈고, 그 경험을 책으로 써서 마침내 꿈에 그리던 작가가 되었다. 예전부터 꿈꾸던 삶으로 막 진입했지만 여전히 뭔가가 부족했다. 길을 잘 못 든 것 같았고, 불안했고, 결정적으로 행복하지 않았다.

나는 수많은 세월 동안 다른 사람들을 돕고 그들이 필요할 때 곁에 있어주는 사람이었지만 정작 나 자신을 돌보는 법을 알지 못했다. 나는 내 몸과 내 존재 자체를 온전히 인정하지 않고 있었다. 다른 사람들의 욕구를 채워주느라 내 욕구는 결코 충족되는 법이 없었다. 이대로는 안 되겠다고 생각했다. 나는 호텔방에 있는 거울을 들여다보면서 거구의 몸뚱이에게 말을 건넸다.

"섀넌, 지금부터 네 임무는 너 자신을 사랑하는 것뿐이야. 이제 너의 단짝친구가 될 시간이야."

그렇게 나의 '자기애 실험'이 시작되었다. 하지만 나 자신을 진심으로 사랑하고 수용하겠다는 다짐을 하고 나서도 얼마 동안은 별다른 진전이 없었다. 좋은 것을 먹고, 하고 싶은 일을 하고, 나 자신의 욕구에 충실하려고 노력했지만, 본질적인 부분에 가닿지 못하고 피상적으로 겉도는 듯한 느낌을 받았다.

무언가 돌파구가 필요했다. 그리고 그 순간은 예상치 못한 때 찾아왔다. 누군가 딱 적당한 때에 적당한 방식으로 내가 들어야 할 말을 전해주는 식으로. 돌이켜보면 모든 일은 그곳, 부모님 집의 식당에서 시작되었다.

엄마와 나는 함께 식탁에 앉아 오붓한 시간을 보내고 있었다. 우리는 정원 컬러링 북을 같이 색칠하면서 도란도란 얘기를 나누고 있었다. 나는 꽃 그림에 색을 채워 넣고 있었는데, 꽃에는 **'모든 일에는 이유가 있다.'**라는 문장이 확언처럼 크고 굵은 글씨로 씌어 있었다. 색칠을 하는 동안 그 문장이 내게 말을 거는 것처럼 예사롭지 않게 보였다.

엄마는 가족끼리 알고 지내는 친구들 얘기며, 그들이 맺고 있는 새로운 관계에 대해서 이야기했다. 모처럼 행복한 한때였다. 그런데 그 순간 갑자기 내 마음속에서 두려운 생각이 스쳐지나갔고, 나는 느닷없이 눈물을 흘리기 시작했다. 내 안에

간혀 있는 줄도 몰랐던 울음이 불쑥 밖으로 터져 나왔다. 당황스러웠다.

나는 불안에 사로잡힌 채 식탁에 앉아 있었다. 불안과 수치심, 두려움을 더 이상 숨길 수 없었다. 꾹꾹 눌러놓았던 감정들이 봇물처럼 터져 나왔다. 억압된 그 감정들에게는 너무나도 많은 관심이 필요했기에 그것들은 내가 더없이 행복하다고 느낀 순간에 불쑥 끼어들어 나를 방해했다. 나는 눈물을 훔치며 엄마에게 말했다.

"엄마, 궁금한 게 하나 있어. 심각한 거야."

엄마는 나를 보더니 들고 있던 매직펜을 내려놓았다. 온전히 내 말에 귀를 기울이겠다는 뜻이었다. 나는 머뭇거리며 말했다.

"엄마, 나를 사랑해줄 남자가 세상에 있을까?"

이 짧은 문장 하나에 나에 대한 모든 것, 그러니까 내가 어떻게 자랐는지, 내가 왜 그토록 막막하고 빗나간 기분이 들었는지에 대한 모든 것이 들어 있었다. 엄마는 곧바로 나에게 말했다.

"당연하지! 우리 딸. 넌 지금 모습 그대로 충분해. 그러니 그런 못난 생각은 하지도 마라."

엄마는 자기 딸이 그런 생각을 하고 있다는 게 못마땅했겠지만 내게는 그 물음이 세상 무엇보다 중요했다. 아닌 게 아니라 지난 수년 동안 나는 내가 누군가에게 사랑받을 만한 가치가 있는 존재인지 확신할 수가 없었다. 아니, 솔직히 말하면 나는 사랑받을 만한 가치가 없는 존재라는 두려움에 떨고 있었다.

어떻게 나를 사랑할 수 있겠어? 이렇게 아름답지도 않고, 세련되지도 않고, 우아하지도 않은데. 이렇게 뚱뚱하고 짜리몽땅하고 추레한 몸으로 어떻게 사랑받을 수 있겠어? 그건 마치 본래의 나는 어딘가에 따로 있고, 내가 이상하고 어울리지 않는 인형 탈을 뒤집어쓴 채 살아가고 있는 것 같은 느낌이었다. 아무리 노력해도 삶이 좀처럼 익숙해지지 않았다. 엄마는 그런 나를 바라보며 말했다.

"섀넌, 넌 너 자신에 대해 생각해본 적 없니? 넌 보여줄 게 너무 많은 아이야."

하지만 그 말은 내게 전혀 위로가 되지 않았다. 그 시기에 나는 말 그대로 감정적으로 바닥을 치고 있었다. 내가 원하던 일을 시작하긴 했지만, 준비했던 만큼 순탄하게 풀리진 않았다. 스트레스와 중압감으로 살이 45킬로그램이나 더 찐 상태였다. 나는 점점 더 비대해지고 있었다. 남자들 눈에, 그리고 세상 사람들 눈에 내가 점점 투명인간이 돼가는 것 같았다. 이렇게 초라한 나를, 있는 그대로 사랑해줄 남자가 세상에 있을까? 나라도 그러지 못할 것 같았다. 당시에는 몰랐지만 내가 엄마에게 진짜로 묻고 싶었던 건 바로 이 질문이었다.

"엄마, 내가 나를 있는 그대로 사랑할 수 있을까? 내가 나의 사랑과 관심을 받을 만큼 충분히 가치가 있다고 생각해?"

엄마와 나 사이에 있었던 이 짧은 대화가 '자기애 실험'에 더 깊이 집중하게 된 계기가 되었다. 그때까지만 해도 나는 어떻게 해야 나를 더 사랑할 수 있는지 잘 모르고 있었다. '자기애'나 심지어 '자기 돌봄'까지도 내게는 낯선 개념이었다. 그건 내가 거의 이해할 수 없는 외계어에 가까웠다.

나는 그저 나를 사랑한다는 명목으로 그럴싸한 목표를 세우고, 나 자신의 특정한 행동들을 조작하면서 행복감을 느끼려고 애쓰고 있었다. 그런데 새로운 목표, 새로운 일, 새 남자친구, 새로운 몸에 이르러도 여전히 뭔가 빠진 듯한 느낌이 들었다. 나는 나에게 진심으로 마음을 쓰지 않고 있었다. 두려움이 나를 가로막고 있었기 때문이다.

정말로 본질적인 변화는 내면에서부터 일어나야 했다. 내가 사랑스럽지 않고 무가치하다고 느끼는 근본 원인에 가닿아야 했다. 그런 부정적인 믿음이 나를 가리고 있으면 어떻게 해도 사랑이 나에게 올 수 없다.

그리고 그날 밤, 엄마와 나눈 짧은 대화에서 나는 그 실마리를 찾았다. 그날 밤의 특별한 대화가 내게 그토록 중요했던 이유는 엄마가 한 다음 말 때문이었다. 엄마는 내게 말했다.

"네 신체 사이즈가 몇이든, 네가 어떻게 보이든, 그건 중요하지 않아. 그저 네가 행복한 게 중요한 거야. 그런데 네가 현재 사이즈가 행복하지 않다고 느낀다면 그건 그 사이즈가 너한테 안 맞아서 그런 거겠지."

엄마는 진심으로 나를 도와주려고 한 말이었지만 그 말은 내게 꽤 깊은 상처가 되었다. 대화가 끝나고 나서도 몇 주 동안이나 그 말은 내 심장에 박혀 떠날 줄 몰랐다. 엄마의 말이 맞다는 것은 나도 인정했다.

그렇다면 남은 선택지는 두 가지뿐이었다. 내가 받아들일 수 없는 것을 바꾸거나, 내가 바꿀 수 없는 것을 받아들이거나.

나는 언제나 그랬듯 내 몸을 미워했다. 신체 사이즈, 아름답지 않은 겉모습, 둥근 빵처럼 점점 부풀어 오르는 외모. 그런 나를 정말 받아들일 수 있을까? 엄마가 제안했듯이 받아들일 수 없다면 바꿔야 했다. 그러면 행복과 사랑이 나를 찾아올지도 몰랐다.

하지만 변해야 한다는 강렬한 욕구가 있음에도 내 몸을 바꾸는 것이 정말로 행복으로 가는 길인지 확신할 수가 없었다. 그전에도 그런 시도는 질리게 해봤고, 매번 실패했다. 그런 노력은 고통스럽고 괴롭고 자기혐오에 시달리는 결과만 낳을 뿐이었다. 이전과 다른 결과를 만들어내려면 어떻게 해야 할까? 나는 생각했고, 그때 괜찮은 아이디어가 떠올랐다.

"나를 바꾸려고 애쓰는 대신 그냥 나를 사랑하면 안 될까?"

엄마는 나 자신을 사랑하기 위해서 나를 바꾸라고 말했다. 내 신체 사이즈가 마음에 들지 않으면 더 열심히 노력해서 맘에 드는 신체 사이즈로 바꾸라는 뜻이었다. 엄마는 가능한 한 다정한 말투로 그렇게 얘기했지만, 이 말은 엄마와 나 사이에 오랫동안 똬리 틀고 있던 갈등 요소를 건드렸다. 엄마는 어렸을 때부터 항상 내게 입버릇처럼 말하곤 했다.

"얘년, 단 거 먹지 마라. 설탕 들어간 건 몸에 안 좋아. 달달한 건 이제부터 금식이다."

문제는 내가 달달한 걸 너무 좋아한다는 사실이었다. 그래서 나는 저녁 식사 전에 벽장 속에 숨어서 제일 좋아하는 초코바를 엄마 몰래 먹었다. 엄마가 나를 자랑스러워하고 사랑하기를 바랐기에 어린 나는 그렇게 할 수밖에 없었다. 인정받으려면 진짜 좋아하는 것을 버리거나, 정말로 원하는 것을 다른 사람들이 없는 데서 혼자 해야 한다는 강박이 그때부터 내 안에 자리하게 되었을 것이다.

이런 생각이 잘못됐다고 말하는 사람들이 분명 있을 것이다. 나도 안다. 하지만 그런 일이 우리 삶에서는 실제로 일어난다. 알면서도 어쩔 수 없이. 다들 어린 시절에 그런 방식으로 행동을 배우게 된다. 나처럼 가장 좋아하는 음식을 벽장에 숨어서 먹지는 않았을 수 있지만, 사랑받기 위해 진짜 자신의 감정과 욕구를 숨겨야 했던 일이 누구나 한 번쯤은 있었을 것이다. 예나 지금이나 나에게는 사탕을 먹는 것이 자연스럽고 즐거운 일이다. 하지만 세상이, 부모가, 사회가, 심지어 내면의 비평가가 늘 내게 말하곤 했다.

"네가 좋다고 여기는 것은 정말 나빠."

우리는 이 말을 '좋아하는 것을 좋아하는 것은 나쁘다'고 해석한다. 이런 말은 우리 사신에게 너무나 해로운 말이다.

세상에 끼워 맞추고 세상이 나를 좋아하도록 만들기 위해 자기 자신에게 너무 많은 억압을 가하기 때문이다. 그리고 그런 삶이 지속되면 결국 자기가 원하는 진짜 삶이 뭔지 모르게 된다. 진짜 자기로 존재하는 삶에서 길을 잃는다.

어릴 때 나는 있는 그대로의 내 모습으로 있을 수 없고 그렇게 받아들여질 수도 없다고 생각했다. 그래서 진짜 내 모습은 사탕을 좋아하는 뚱뚱한 소녀였으면서도 그런 소녀가 아닌 척했다. 받아들여진다고 느끼기 위해서 정말 원하는 것을 스스로 부정했다. 그 결과 절박감과 고통, 내적 불안이 나를 찾아왔다.

컬러링 북을 칠하던 그날 밤, 이렇게 다 큰 어른이 되어서야 나 자신과 나의 진짜 욕망을 부정했던 오랜 습관이 엄마 앞에서 울음을 터뜨리는 결과로 드러났다. 엄마가 한 말은 행복해지고 싶다면 나를 '완전히' 바꿔야 한다는 것이었다. 나도 그 말에 동의했다. 하지만 내 속마음은 조금 달랐다. 나는 평생을 나 자신을 바꾸려고 애쓰면서, 세상에 맞추려고 노력하면서 보냈다. 그리고 그런 노력은 소득이 없다는 게 명확했다. 그런 존재 방식은 내게 우울증, 섭식 장애, 중독만을 불러왔을 뿐이다. 나는 내가 부끄러웠다.

한 번도 진짜 '나'로 존재하지 못했던 내가 불쌍했다. 어쩌면 내가 나를 사랑할 수 없었던 진짜 이유는 세상에 나를 맞추려고 너무 열심히 애썼기 때문이 아닐까.

그러니 세상이 원하는 사이즈를 갖기 위해 또다시 부단한 다이어트를 시작하기보다는 그냥 '나'로 존재하는 것, 나의 참모습 그대로 있게 하는 것이 진짜 해결책이 되지 않을까. 몸무게를 줄이려고, 더 사랑스러운 여자가 되려고 더 많이 노력하는 대신에 있는 그대로의 '나'를 사랑하고 싶다는 것, 그것이 진짜 내 속마음이었다.

그러자면 뭔가 다른 게 필요했다. 남들에게 하소연하는 것으로는 한 발짝도 더 나아가지 못할 것이다. 외부로 향하는 불평과 불안, 겉도는 위로 대신 진짜 내 욕구에 충실하고 싶었다. 나만의 리듬과 타고난 경향을 탐구할 시간이 필요했다. 몇 주 동안 이런 생각이 번져나갔고, 마침내 나는 나 자신에게로 더 깊이 뛰어들어야 한다는 사실을 깨달았다. 그제야 '자기애 실험'이 생생하게 활기를 띠기 시작했다.

차 례

> **자기애 실험 1개월 차**
> 기간 : 총 1개월
> 목표 : 몸 다이어트

2

나를 둘러싼 환경 바꾸기

자기애 실험 2개월 차
기간 : 총 1개월
목표 : 환경 다이어트

3

자기 자신을 내보이기

> **자기애 실험 3개월 차**
> 기간 : 총 1개월
> 목표 : 마음을 내보이는 연습

4
자기 자신을 사랑하는 열다섯 가지 원칙

자기애 실험을 끝낸 후에

1 몸의 자유를 위하여

자기애 실험 1개월 차

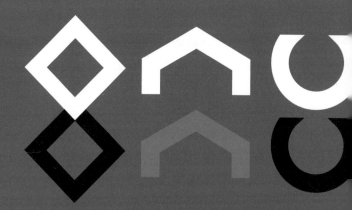

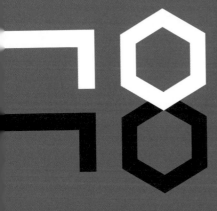

기간 : 총 1개월

목표 : 몸 다이어트

자기애는
여러 층으로 이뤄져 있다

자기애 실험은 자기 자신을 진정한 친구로 받아들이고 사랑할 수 있는 3개월간의 개인적 여정을 의미한다. 나는 나 자신을 진심으로 아끼고 사랑하겠다는 목표를 가지고 직접 이 실험에 참여했고, 그 결과를 이 책 전체를 통해 공유하고 있다.

내가 자기애 실험을 하면서 직접 시도해본 것들, 그리고 내 고객들이 워크숍과 코칭 수업 시간에 자기애에 접근하기 위해 도전했던 방법과 사례들이 책 전체를 관통해 제시되고 있다.

누군가에게는 '자기애'라는 개념이 낯설지도 모른다. 사실 나조차도 처음 시도할 때는 자기애가 무엇을 의미하는지 정확하게 알지 못했다. 그래서 시행착오를 많이 겪었다.

이 책이 자기애 실험을 하면서 쓰고 고치기를 반복했던 다섯 번째 원고라는 점을 미리 밝혀둔다. 그러니까, 나는 자기애 실험에 대한 원고를 네 가지 버전으로 더 썼다. 그렇게 한 이유는 두 가지 때문이었다. 첫 번째는 원고가 마음에 들지 않았고, 두 번째는 내가 쓰고 있는 원고의 내용에 대해서 스스로 납득할 수 있어야 했기 때문이다.

솔직히 얘기하면 처음에는 책을 쓰기 위해서 실험에 집착했던 면도 있는 것 같다. 당시에 나는 나 자신에게 말했다.

"섀넌, 책을 써야 하니까 어서 실험 과정을 기록해."

하지만 이런 접근법은 순서가 뒤바뀐 것이다. 자연스럽지 못한 흐름일 때는 일이 제대로 흘러가지 않는다. 실제로 출판사와 책에 대한 계약을 마무리 짓는 데만도 6개월이 걸렸다. 나중에야 그런 방식으로는 일이 제대로 진행되지 않을 거라는 생각을 했고, 나는 자기애의 실험 결과에 연연하지 않고, 실험하는 과정 자체에 집중하기로 했다. 그러자 일이 조금 더 수월해졌다.

나는 지금도 매일 자기애 실험 일지를 쓰고, 쓴 것을 삶을 통해 실천하고 있다. 다섯 가지 버전의 자기애 실험 원고를 쓰기 전의 나와 지금의 나를 비교해보면 나 자신과 완전히 다른 관계를 맺고 있다고 장담할 수 있다. 자기애 실험에 더 깊이 뛰어들수록 더 많이 배우고 더 많이 성장할 수 있었기 때문이다.

나는 이 경험을 통해 우리가 항상 있어야 할 바로 그곳에 있다는 사실을 알게 되었다. 그러니 지금 자신이 어디에 있는지 알 필요가 있다. 지금 있는 곳이 어딘지 아는 것이 자신이 가고 싶은 곳이 어딘지 알 수 있는 열쇠이기 때문이다.

나도 마찬가지였다. 내가 나 자신을 사랑하는 데 필요한 경험을 충분히 하기 위해서 다섯 번의 초안을 거쳐야 했다는 것은 그만큼 내가 나를 사랑하기 위해 많이 헤맸다는 것을 의미한다. 그 과정은 단순히 책을 쓰는 작업이 아니었다. 나 자신을 제대로 사랑할 수 있는 방법을 배우는 시행착오의 순간들이었다.

첫 번째 초안에서 관심을 가진 것은 체중 감량에 관한 이야기가 전부였다. 처음에 나는 살만 빼면 나를 사랑할 수 있을 거라고 생각했다. 그래서 살을 빼는 데 집중했는데, 살이 조금 빠졌다가도 다시 원상 복구되기 일쑤였다. 진전이 없었다. 나는 곧 자기애가 겉모습과는 아무 상관이 없다는 사실을 깨달았고 방법을 바꿔야 했다. 자기애는 자기가 어떻게 보이느냐의 문제가 아니라 어떻게 사느냐와 관련된 문제였다.

그래서 두 번째 원고를 쓰기 시작했다. 두 번째 원고의 콘셉

트는 자기애를 찾는 데 도움이 되는 분명하고 실행 가능한 방법들을 제시하는 것이었다. 나는 자기를 사랑하는 데 도움이 될 만한 금언들을 모았고, 그것들이 자기를 사랑하는 데 동기부여가 될 수 있으리라 생각했다. 하지만 이 원고는 초안을 마무리하기도 전에 폐기처분됐다. 자신과 사랑에 빠지는 데 도움이 되는 확실한 금언이나 법칙은 이 세상에 존재하지 않았기 때문이다. 자기애는 그렇게 단순하지 않고, 모든 사람에게 적용되는 천편일률적인 것도 아니다.

그래서 세 번째 원고를 쓰기 시작했다. 세 번째 원고의 목표는 자기를 사랑할 수 있는 확실한 단계들로 이뤄진 목록을 제시하는 것이었다. 마치 근육을 키우기 위해 21주 트레이닝 과정을 제안하듯이. 자기를 사랑하는 단계별 방법을 제시할 수 있다면 머지않아 누구나 자기애에 이를 수 있을 것이라고 낙관했던 것이다. 하지만 자기를 사랑하는 단계별 과정은 이제까지 썼던 원고 중 최악이었다. 나는 어느 때보다 자기애에서 멀어진 듯한 느낌을 받았다. 이대로는 죽도 밥도 안 될 것 같았다. 뭔가 더 본질적인 접근법이 필요했다.

네 번째 초안은 사랑의 단계에 관한 것이었다. 사랑에 빠지면 누구나 대략적인 단계를 거치게 된다. 이를 테면 이런 단계다.

1. 낭만적 단계

2. 권력 투쟁 단계

3. 안정화 단계

4. 헌신 단계

5. 함께 창조해가는 행복의 단계

　남자와 여자가 만나 이런 과정을 거쳐 사랑이 더 깊어진다면 이 단계들을 나 자신을 사랑하는 데도 적용해볼 수 있지 않을까. 나는 그렇게 생각했고, 마음에 드는 남자를 알아가듯 나 자신과 친해지는 데 공을 들였다.

　집 안을 청소하고, 안 입는 옷을 버렸다. 목욕을 하고 큰맘 먹고 고급 스파에 가서 마사지를 받았다. 나의 가치를 인정하기 위해 노력했고, 나 자신을 더 많이 표현하려고 했다. 이 방법도 얼마쯤은 효과가 있었다. 하지만 생각처럼 많이 행복하지는 않았다. 잠깐씩 행복감을 느낀 적은 있지만 그 감정이 오래가지 않았다. 오래지 않아 내가 너무 애쓰고 있다는 사실이 자명해졌다. 나는 여전히 내 실험이 제대로 되게 하려고 애쓰고 있었고, 과정보다 '결과'에 초점을 맞추고 있었다. 나는 나를 사랑하려고 갖은 방법을 시도하면서 속으로 이렇게 생각했다.

'내가 나 자신을 정말 사랑할 수 있을까?'

'정말 바라는 소울 메이트를 만날 수 있을까?'

'원하는 만큼 체중을 감량할 수 있을까?'

그리고 내가 실험하고 있는 모든 시도들을 하나의 '과정' 안에 담아보려고 했지만, 제대로 되지 않았다. 뭔가가 잘못 돌아가고 있었다. 나를 사랑한다는 것이 손에 잘 잡히지 않았다.

나는 사랑에 대해 생각했다. 남자와 사랑에 빠졌던 순간을 떠올려 보았다. 그러자 문득 사랑에 빠지는 순간이 사람에 따라, 상황에 따라 달랐다는 사실을 깨달았다. 어떤 사람은 첫눈에 사랑에 빠지기도 하지만, 어떤 사람은 사랑에 빠지기까지 몇 주에서 몇 달, 심지어 몇 년이 걸리기도 했다. 그러니 나 자신과 사랑에 빠지는 데 정해진 룰을 기대할 순 없었다. 그저 자기 자신의 마음을 믿을 수밖에.

이 사실을 깨닫자마자 나는 이 실험을 마음이 이끌어가도록 두지 않고, 머리로, 의지로 억지로 쥐어짜고 있었다는 사실을 인정해야 했다. 사랑은 그런 식으로 진행되지 않는다. 그저 순리에 맡겨야 한다. 나 자신에게 사랑을 억지로 강요할 수는 없었다.

결론적으로 이 책은 이전 버전의 원고들과는 사뭇 다르다. 초반에 쓴 몇몇 초안의 경우 문장 하나하나가 다 견딜 수 없을 정도로 불편했다. 책을 쓰기 위해 나 자신을 내보이는 일이 매일 산을 오르는 것처럼 힘들었다. 사람들이 보는 앞에서 발가벗고 서 있는 악몽을 꾸는 기분이랄까. 꿈속에서 사람들이 나를 보고 손가락질하는 것 같았다. 사람들은 언제나 하나의 큰 집단이었고, 나는 그 집단 바깥에서 안을 들여다보는 동물원의 원숭이가 된 것 같은 기분.

나는 그런 상황이 수치스러웠고, 심판 받는 것 같았다. 그것은 내 꿈속의 장면이기도 했지만, 실제 내 인생이기도 했다. 실제로 벌거벗고 돌아다닌 적은 없지만, 자기애 실험을 기록하던 초창기에는 상당 기간 그런 기분으로 살았다.

하지만 이 특별한 책은 본질적으로 독자들에게 자기를 사랑하기 위해 더 깊이 들어가라고, 더 높이 올라가라고 요구하고 있다. 내가 그럴 수 있게 되었기 때문이다.

실제로 자기애는 여러 층으로 이뤄져 있다. 자신과 세상 사이에 있는 여러 층들 중에는 세상과 들어맞지 않는 것 같은 층들도 있게 마련이다. 들어맞지 않은 영역을 들어맞게 해주는 것이 바로 자기 수용을 통한 자기애다. 이런 층이 많을수록 자신을 드러내 보이기가 힘들다. 나 또한 그런 층을 만날 때는 나를 드러내기가 힘들었고, 그만큼 원고를 쓰는 것도 곤욕스러웠다. 그래도 나는 계속 나아갔고, 힘들고 불편한 단계들을 넘어 이 책을 진심으로 내보일 수 있게 되었다.

책을 쓰는 동안 불편한 감정이 올라오고, 고통스러운 인내의 과정이 필요했지만 이 원고는 내가 반드시 써야만 하는 종류의 것이었다. 나 자신을 있는 그대로 드러내는 것은 물론이고, 그런 드러냄에 편안함을 느끼는 수준까지 밀고 나가야 했다. 돌파구를 찾기 위해 알고 있는 것 이상까지 밀고 나가는 것, 자기애 실험의 전 과정은 이런 자세를 바탕으로 하고 있다.

내가 다섯 번의 원고 작업을 거치면서 진심으로 내 마음에 드는 원고를 찾았듯이 자기애 실험 또한 자기를 사랑할 수 있는 가장 자기다운 방식을 찾아야 한다. 따라서 이 책을 통해 독자들에게 자기애에 이르는 지름길이나 가장 효과적인 방법을 소개하기는 어려울 것이다. 다만 나 자신의 경험을 통해서 배운 생동감 넘치는 여정과 거기서 얻은 교훈들을 전해줄 수 있을 뿐이다. 그것들 중에 어떤 것을 취하고 어떤 것을 버릴지는 독자 한 사람 한 사람의 몫이다. 사람마다 자기애에 이르는 길이 전부 같을 필요는 없기 때문이다. 각자 가장 취약한 부분과 개인적 성향이 다르기에 자기애를 실천하는 방식도 사람 수만큼 다양할 수 있다. 중요한 것은 항상 자기 곁에 있었으면서도 한 번도 깊게 만나보지 못한 자기 자신을 난생 처음으로 자신의 친구로 맞아들이는 것. 사랑이 외부로 향하지 않고 내부에 머물 때 만끽할 수 있는 놀라운 평화와 행복을 경험해보는 것. 준비가 되었다면 이제 3개월간의 여정을 시작해보자.

내 몸과 나누는 대화

자기애 실험의 첫 목표는 두말할 것 없이 체중 감량이었다. 체중 감량은 평생을 따라다니던 내 과제였기에 자기를 사랑하기로 하면서 그것을 간과할 수는 없었다. 여전히 나는 살이 좀 빠져야, 좀 더 날씬해져야, 몸무게가 덜 나가야 나를 사랑할 수 있다고 확신했다. 대신 예전처럼 나를 학대하는 방식의 다이어트에서 벗어나고 싶었다. 그런 방법은 나를 지치게 했고, 전혀 행복감을 느낄 수 없었다. 나는 나 자신과 화해하는 방식의 다이어트, 조금 더 다정한 방식을 원했다.

그러다 보니 자기애 실험을 하는 동안 내가 내 몸에 가하는 정신적 학대에 솔직해져야 한다는 것을 깨달았다. 첫 번째 단계는 친절한 말로 내 몸을 대하는 것이었다. 나는 스스로를 감정적으로 학대하는 대신에 나에게 다정하게 말하기 시작했다. 비록 뚱뚱하고 튼 살과 셀룰라이트가 있어도 다정하게 대함으로써 '결점들'을 사랑하는 법을 배우기로 한 것이다.

내 몸은 그저 가혹한 세상에서 살아남으려 애쓰는 상처 입고 버려진 아이와도 같았다. 나는 내가 저지른 모든 실수들에 대해서 몸을 벌주면서 아주 오랫동안 내 몸을 학대해왔다. 하지만 그건 내 몸의 잘못이 아니었다. 내 몸은 그저 부족한 사랑의 희생양일 뿐이었다. 몸은 자기 주인인 내가 몸을 사랑하는 법을 모른다는 사실을 알지 못했다. 결국 나는 내가 할 수 있는 선에서 최선을 다하고 있었다. 다들 그렇지 않은가? 우리는 모두 자신이 이해할 수 있는 선에서 최선을 다하고 있다. 마야 안젤루Maya Angelou가 "더 알 때까지 할 수 있는 한 최선을 다해라. 그러고 나서 더 알게 됐을 때 더 잘하면 된다."라고 말했듯이.

맨 처음에 나는 내 몸과 나누는 대화부터 바꾸었다. 몸을 탓하는 대신 거품목욕을 하면서 튀어나온 내 배를 문지르며 이렇게 말하곤 했다.

"너무 못되게 굴어서 정말 미안해. 널 학대해서 미안해. 널 사랑해. 네가 내 일부라서 기뻐."

날마다 건강한 음식을 더 많이 먹고 물을 더 많이 마시는 것과 같은 신체적인 행동 조치와 더불어 다정함을 실천하자 내 몸이 달라지기 시작했다. 셀룰라이트가 줄어들고 허리가 더 들어갔으며, 최고의 자아와 더 연결된 기분이 들었다. 그리고 마음의 평화를 느끼기 시작했다.

나에게 친절하게 이야기하기는 나를 사랑하는 훌륭한 첫 단계였다. 하지만 물리적으로 내 몸을 보살피는 것 또한 필요하다는 사실을 깨달았다. 내가 제일 좋아하는 향인 라벤더 향 보디 크림을 사서 매일 의식을 치르듯이 긍정적인 확언을 반복하면서 내 몸을 문지르기 시작했다.

"넌 있는 그대로 아름답고 완벽해."

"네 몸은 너의 일부이고, 사랑의 반영이야."

"난 널 사랑해."

매일 내 몸을 더 많은 사랑으로 대하자 나와 나 자신, 나와 다른 사람들과의 관계가 더 건강해지기 시작했다. 더 이상 신체 사이즈에 대한 안 좋은 감정을 피하지 않게 되었다. 모든 사람들이 나를 심판하고 있다는 생각을 하지 않게 되었다. 얼마 안 있어 내 몸은 내가 나에게 주는 사랑과 관심을 반영하였고, 실제로 나도 점점 내 모습이 자랑스러워졌다.

자신에게 찬사를 보내는 것은 자기중심적이지 않다. 그것은 자기애의 행동이다.

반려동물, 어린아이 혹은 사랑하는 사람을 떠올려보라. 대부분 기쁜 마음으로 이들을 꼭 껴안으며 사랑한다고 말한다. 이런 행동을 남에게는 할 수 있으면서 왜 자기 자신에게는 못하는 걸까? 다른 사람에게 하듯이 자신감과 자부심을 가지고 자기 자신에게도 똑같이 사랑과 관심을 주어야 한다.

내면의 자기애 근육을 키우는 한 가지 방법은 자기 몸이 하는 말에 귀를 기울이는 것이다. 내가 매일 하는 몸을 사랑하는 방법은 몸이 하는 이야기를 잘 듣는 것이었다. 과거에는 내 몸을 벌주고, 설탕이나 폭식 혹은 자기비하적인 생각으로 몸의 요구를 무시하곤 했다. 나는 그런 태도를 모조리 바꾸기로 했다. 그래서 나를 미워하는 대신 내 몸에 귀를 기울이기 시작했다. 매일 아침 일어나서 나에게 이렇게 물어보았다.

"내 몸이 뭘 원하지? 뭐가 필요하지?"

내 몸이 식습관을 고치기를 원하는 게 분명했기에 다양한 형태의 식단으로 실험해보기 시작했다. 엄격한 채식을 시도했지만 4킬로그램이 넘게 몸무게가 늘었고 짜증만 났다. 주스 클렌즈를 시도했더니 피부는 깨끗해졌지만 미칠 듯이 배가 고팠다. 채식, 무설탕, 무곡물, 콩 없는 식단을 시도했지만 어느 것도 효과가 없었다. 하지만 자기애를 하나의 실험으로 간주하는 태도 덕분에 수치심을 느끼지 않고 새로운 것들을 계속 시도할 수 있었다. 비록 문제를 해결하지는 못했어도 말이다.

실험이란 이런 것이다. 실험이 항상 성공하리라 기대할 수는 없다. 다만 실험을 하면서 얻게 되는 부수적인 것들을 활용할 수는 있다. 나는 이런 경험들을 바탕으로 육류 단백질과 많은 양의 채소로 구성된 팔레오 식단(일명 '원시인 식단'으로, 조금이라도 가공된 식품, 설탕, 유제품, 정제된 곡물을 피하는 식단_옮긴이)을 시도해보았다. 그러자 내 몸이 즉각 반응했다. 다시 활력을 얻기 시작했고, 정신은 더 또렷해지고, 기운이 넘쳤다.

팔레오 식단이 나에게는 효과가 있었지만 모든 사람에게 똑같이 적용되지는 않는다는 사실을 아는 게 중요하다. 각자 자기애 실험을 하는 동안 자신에게 맞는 다양한 식단을 탐구해봐야 한다. 무기력하거나 지친 느낌이 들거나 두통 혹은 몸의 통증이 심하다면, 내면의 안내자가 식단을 살펴보고 뭔가를 바꾸라고 말하는 것일 수 있다. 이 실험과 관련해서 놀라운 것은 내가 몸무게와 체중계 숫자에서 관심을 거두고 살을 빼는 데 집중하지 않게 되자 자연스럽게 몸무게가 빠졌다는 사실이다. 내 몸은 저절로 치유되었다.

우리 몸에는 우리와 공유할 지혜가 풍부하게 들어 있다.

방해하지만 않으면 몸은 스스로 치유할 수 있다. 나는 이 사실을 근본적인 차원에서 알고 있었다. 몸을 치유한다는 것은 이제 내 몸을 믿고, 내가 방해하지 않는 상태에서 몸이 제 할일을 할 수 있게 내버려두는 것이었다. 즉 배가 안 고플 때는 음식을 먹지 않았다. 몸이 휴식이 필요하다고 말하거나 더 많이 움직이라고 은근슬쩍 알려줄 때 그대로 따르는 것 또한 몸이 하는 말을 귀담아듣는 것이다. 치유에 있어서 내 몸은 나의 동반자가 되었다.

내 몸은 나를 건강으로 이끌었다. 나는 애완견 터커와 함께 더 긴 시간 동안 산책을 하고, 더 깊이 숙면하게 되었다. 나는 내 습관에서 벗어나야 했다. 모든 게 더 많은 자신감과 진정한 자기 수용으로 이어졌다.

실험을 진행하는 동안 나는 부정적인 자기 대화를 삼가고 다정함을 실천하려고 의식적인 노력을 기울였다. 그러자 내 몸이 반응을 보였다. 마음은 생각보다 강하다. 바꾸기를 염원하는 상황에 대해서 자기 자신과 어떤 말을 해왔는지 생각해본 뒤 그 생각을 더욱 다정한 대화로 고쳐라.

일단 자기 돌봄을 우선으로 하기 시작하면 자기 자신에게 연민을 가져야 한다는 사실을 잊지 말아야 한다. 자신이 하는 일에 죄책감과 수치심을 느끼지 않도록 하는 것이 중요하기 때문이다. 이는 있는 모습 그대로 자기 자신이 존재할 수 있게 할 때라야 가능한 일이다.

나는 아이스크림을 정말로 좋아한다. 예전에는 그런 나를 받아들이기 힘들어했지만 이제는 죄책감 없이 아이스크림을 먹을 수 있다. 내가 사랑하는 것들을 더 이상 스스로 부정하지 않기 때문이다. 한때는 아이스크림 한 통을 앉은 자리에서 먹어치우곤 해서 집에 아이스크림을 두지 못했던 시기도 있었다. 그런 내가 혐오스러워서 파인트 용량 아이스크림을 반만 먹은 뒤 아이스크림 위에 식기 세척기용 세제를 뿌려 배수구에 버린 적도 있었다. 아이스크림이 너무 먹고 싶은데 다 먹을 수 없다는 생각에 나 자신을 채찍질하기 위한 행동이었다. 나 자신을 조금 더 받아들이기 시작하면서 음식에 대한 충동을 조절할 수 있게 되었고, 음식과의 관계도 훨씬 균형이 잡혔다. 이제 나는 냉동실에 아이스크림을 넣어둘 수 있다. 한 통을 다 먹을 필요도 없고, 먹고 싶을 때 한두 입만 먹어도 만족할 수 있다. 아이스크림을 좋아하는 나 자신을 혐오하는 대신에 그런 나를 인정하고 받아들였기 때문에 가능해진 일이다. 한때 파란만장했던 음식과 나의 관계는 나 자신을 더 사랑하게 되면서 완전히 바뀌었다. 나 자신을 측은하게 바라보고, 내 욕구를 인정하고 받아들인 덕분에 내 인생의 모든 영역이 더 강해졌다.

자기애는 자기 마음속에서 스스로에 대해 말하는 방식으로부터 시작된다.

우리에게는 두 가지 경우밖에 존재하지 않는다. 원하는 것이 부재한 상태이거나 그것이 존재하는 상태. 그러니 자기 자신이 욕망할 수 있게 하고, 그 욕망에 항복하는 것이 자기애에 부합하는 행동이다.

하고 싶은 건 뭐든 마음대로 하거나 폭식과 폭음을 허용하라는 얘기가 아니다. 그런 것은 자기애가 아니다. 내 말은 자기 자신에게 솔직하고 진실하라는 말이다. 자기애 실험을 하는 동안 나는 내 마음속 진실을 스스로 부정하는 것을 멈추는 법에 대해 배웠다. 내가 가진 진실은 내가 음식을 정말로 사랑한다는 것이다. 음식을 먹고, 맛과 식감을 즐기고, 내게 주어진 음식에 감사할 수 있는 시간을 나는 정말이지 너무 좋아한다. 먹는다는 것은 내게 새로운 경험이고, 사랑의 한 형태라고도 할 수 있다.

하지만 과거에는 그런 나를 인정하지 못했다. 자기애 실험 이전의 나는 먹는 게 끔찍한 일이라고 생각했다. 음식을 증오했다. 나를 살찌게 만드는 악의 근원이었기 때문이다. 뭐든 먹는 것이라면, 특히 아이스크림과 피자처럼 정말 먹고 싶지만 먹으면 안 되는 음식을 먹는 것을 끔찍하게 여겼다.

하지만 자기애 실험을 시작하고 나서 나는 음식에 대해 내가 갖고 있는 관점을 바꾸기로 했다. 음식이 나쁘다는 관점을 버리고 음식이 사랑의 한 형태라는 의미를 부여했다. 음식에 집착하는 대신에 더욱 충만한 인생을 사는 데 초점을 맞추기 시작했다. 그랬더니 인생의 모든 경험이 새로워졌다. 집에 아이스크림과 감자 칩을 두고서도 폭식하지 않을 수 있게 되었다. 모든 게 다 나 자신을 거부하는 대신에 받아들이려고 노력한 덕분이었다. 자신을 받아들인다는 것은 자신에게 친절해진다는 말이다. 음식을 좋아하는 친구에게 그만 먹으라고 닦달하는 대신에 더 좋은 음식을 대접하듯이 나는 나 자신의 욕구를 온전히 인정하기로 했다.

여러분도 그래야 한다. 자신이 정말 하고 싶은 것이 있다면 그것을 억압하는 대신에 할 수 있게 해줘야 한다. 그것이 바로 자기애의 가장 진실한 형태다. 지금 바로 할 수 없더라도 걱정할 필요는 없다. 이 책은 자신을 더욱 따뜻하게 대할 수 있도록 돕는 데 온 힘을 쏟는 것이 목적이니까.

자기애와 자기 연민은 자기 자신으로 존재하는 데 대한 죄책감과 수치심을 제거하는 것이다. 참된 욕구를 존중하는 것이다. 자신의 습관과 행동을 알아보고, 스스로 본래 모습으로 존재할 수 있게 하는 것이다. 자기가 생각하기에 반드시 되어야 하는 존재나 사회에서 생각하기에 반드시 되어야 하는 존재가 아니라, 진짜 자기 모습 그대로 존재할 수 있게 해주는 것이다. 새로 운동을 시작하거나 산책을 나설 때 칼로리를 계산하거나 달린 거리를 기록하는 핏비트Fitbit를 착용하지 않는다는 의미이다. 다만 몸을 움직이는 동안에도 계속 나 자신에게 주의를 기울이고, 다정하게 대하는 것. 자기 연민의 핵심은 반대쪽으로 밀어붙이는 세상에서 자신에게 다정하고 상냥하게 구는 법을 배우는 것이다. 이러한 자기 연민이 자기애의 토대가 된다.

자기 자신의 본모습 그대로 존재할 때 중요한 것은 누군가와 비교하려는 욕구를 거두라는 것이다. 비교를 하게 되면 에고의 피해자가 되고 만다. 스스로 믿고 있는 자신의 못난 점들이 다 진실이라고 생각하게 된다. 나는 비교하는 습관을 중단해야 자기 자신에게 친절해질 수 있다는 것을 알게 되었다. 사실 나도 사업을 확장하기 시작하던 초창기에는 항상 남과 비교했다. 다른 작가들과 나의 인생 상담 코치를 지켜보면서 질투심을 느꼈다. 그들에게는 베스트셀러 책과 한없는 찬사를 보내는 수천 명의 추종자들이 있었다. 그들은 자신의 메시지를 공유하기 위해 텔레비전 방송에도 출연했다. 그건 내가 정말 바라는 것이었다.

그들과 비교하는 동안 나는 절대로 만족감을 느낄 수 없었다. 그리고 어느 순간 항상 바깥을 보고 있는 패턴 자체가 나의 성취를 가로막고 있다는 사실을 깨달았다. 나는 남들을 쳐다보면서 그들과 비슷한 사람이 되어야 한다고 생각하기를 관두고 나를 더 많이 보여주기로 했다. 그러자 모든 게 바뀌었다. 내가 사업을 하는 고객들에게 늘 하는 말이 있다.

"자기를 더 많이 보여줄수록 사업도 더 성장할 겁니다."

나는 이 말이 진실이라는 것을 안다. 내가 더 빛날 수 있도록 허용할수록 내 사업도 더 빨리 성장했다. 나는 멘토들, 다른 저자들과 비교하기를 멈추고 나 자신에게만 찬사를 보냈다. 이러한 습관은 인생의 어떤 영역에든 적용할 수 있다.

"나를 더 많이 보여줄수록 내 꿈도 더 커질 것이다!"

"나를 더 많이 보여줄수록 관계가 술술 풀릴 것이다."

"나를 더 많이 보여줄수록 인생이 더 수월하게 흘러갈 것이다."

시험 삼아 한번 해보기 바란다. 살면서 불안과 좌절을 극복하기 위해 사용할 수 있는 매우 효과적인 만트라(주문)이다.

잊지 말아야 할 것은 자기애 실험이 하나의 실험이라는 사실이다. 다시 말해 이 책에서 제시하는 방법 중에 어떤 것은 효과가 있겠지만 다른 것들은 효과가 없을 수도 있다. 반드시 효과를 봐야 한다는 생각을 놓아버리고 여정을 따라가면서 연민을 실천하고, 완벽함에 대한 욕구를 놓아버리는 것이 중요하다. 나 역시 그랬다. 무슨 일이 있더라도 나를 친절하게 대하고, 나 자신을 사랑하는 과정 전체를 하나의 실험으로 취급하기로 했다.

자기 연민을 배우지 않고서는 자신을 충분히 사랑할 수 없다.

자기 자신을 사랑하지 않으면 사랑의 에너지를 품고 있는 근원으로부터 분리된 느낌을 받게 된다. 그리고 자신의 최고 자아는 물론 주변 사람들과도 연결되기 어렵다. 자라면서 타인에게 애정을 갖고 대하라는 말을 들은 사람은 많을 것이다. 하지만 자기 자신에게 친절하게 대하라고 가르치는 사람은 거의 없다. 자기애 실험을 하는 동안 나는 나를 더 친절하게 대함으로써 '자기 연민'을 연습해보기로 결심했다.

3개월 동안 매일 하고 있는 좋은 일들과 현재의 내 상태를 반드시 확인하고 찬사를 보냈다. 내가 나 자신의 지원군이 되었다. 처음에는 상당히 힘들었다. 당신도 이제까지 자기 자신을 친절하게 대하는 연습을 해본 적이 없다면 처음에는 힘들 수 있다. 하지만 얼마나 더 가야 하는지에 초점을 맞추는 대신 자신이 얼마나 멀리 왔는지에 관심을 갖는다면 해볼 만한 일이다.

사랑은 우리 안에 있다. 사랑은 파괴될 수 없다. 오직 감춰질 수 있을 뿐이다.[1]

- 마리안 윌리엄슨Marianne Williamson

---

1 Marianne Williamson, A Return to Love: Reflections on the Principles of A Course in Miracles, New York: HarperOne, 1996.

도달하려고 애쓰는
마음을 놓아버리기

"돈이 더 많으면 정말 원하는 걸 할 수 있을 텐데."

"살을 더 빼기만 한다면 다시 데이트를 시작할 수 있을 텐데."

"내가 더 건강하기만 하다면 더 행복해질 수 있을 텐데."

우리는 이런 말을 종종 한다. 인생에서 문제나 불안, 고치려고 애쓰는 결점에 집중해서, 그것들이 사라지기만 하면 인생이 더 나아질 것이라고. 사람들은 문제가 자신을 가로막고 있다고 여긴다. 그런데 단순히 문제를 제거하는 것이 아니라 행복해지는 방법이 따로 있다면 어떨 것 같은가.

나는 오랫동안 나를 고치려고 애쓰고, 내가 증오하는 면들을 바꾸려고 애쓰면서, 세상 사람들이 최고라고 생각하는 모습에 나를 맞추려고 노력하면서 세월을 보냈다. 그 결과 우울증, 섭식 장애가 찾아왔고, 한때는 약물 중독 상태까지 갔었다.

자기애 실험을 하는 동안 나에게는 돌파구가 하나 있었다. 바로 우리가 가진 것이 문제가 아니라는 사실이었다. **인생의 모든 것은 계획에 따라 지금 여기 존재하는 것이기에 고칠 것은 하나도 없었다.** 장담하건대, 자신의 미운 점은 결함이 아니라 자기 자신을 도와주려고 존재하는 것들이다. 당신이 자기 자신에 대해 어떻게 생각하든지 간에 당신은 망가지지 않았고, 당신이 문제라고 생각하는 것은 문제가 아니며, 고칠 것은 아무것도 없다. 당신은 궤도에서 벗어나지도 않았고, 잘못된 점역시 아무것도 없다. 불안은 당신을 방해하지 않고, 결점이 당신을 약하게 만들지도 않으며, 그것들이 당신을 사랑스럽지 않게, 성공하지 못하게 만들지도 않는다. 당신은 실패하거나 영원히 갇힌 상태에 머물 운명이 아니다. 고뇌와 불안, 두려움은 사실 문제가 아니다. 문제가 있다고 스스로 생각하는 것이 유일한 문제다. 문제에 관심을 두면 그 문제는 사라지지 않는다.

우리는 바꾸고 싶은 것들, 결점이나 습관이 자신을 가로막고 있는 실질적인 문제라고 생각한다. 하지만 우리를 방해하는 것은 문제, 결점, 습관 자체가 아니라 그것들을 바라보는 방식이다.

쉽게 말해서 나는 과식하는 습관이 문제라고 생각했다. 그런데 내가 과식의 강력한 영향력 안에서 계속 허우적거렸던 것은 내가 과식이 부정적인 습관이라는 데 초점을 맞췄기 때문이었다. 우리가 초점을 맞춘 것이 현실에 드러난다. 과식이 문제라는 관점에 초점을 맞췄을 때 나는 과식 때문에 일어나는 부정적인 문제들에 시달렸다. 그런데 과식이 문제라는 것에 집중하지 않았더니 과식하는 습관이 사라졌다. 놀라운 일이었다.

나는 이 개념을 존 게이브리얼Jon Gabriel의 책《게이브리얼 기법The Gabriel Method》[2]을 읽으면서 발견했다. 이 책에서 게이브리얼은 켄 윌버Ken Wilber의 작품과 그의 획기적인 책《무경계No Boundary》[3]에 대해서 이야기한다. 자신의 부정적인 생각 및 감정을 제거하고 싶다면, 그것을 받아들이고 자신의 의식에 통합시키는 것이 최선의 방법이라고 윌버는 말한다.

윌버에 따르면, 부정적인 면들을 계속 거부하면 진정한 자

---

2 Jon Gabriel, The Gabriel Method. New York: Atria Books, 2008.

3 Ken Wilber, No Boundary: Eastern and Western Approaches to Personal Growth. Boston: Shambhala Publications, 2001.

아라고 생각하는 것에서 멀어지게 되는데, 이것이 진짜 문제를 유발한다는 것이다. 자신에 대한 부정적인 생각은 일부러 문제를 일으키는 버릇없는 어린애와 같아서 항상 관심을 바라고 사랑을 갈구한다. 그런 생각들은 온갖 부정적인 감정을 불러일으킴으로써 관심을 먹고 자란다.

대부분의 사람들은 자신이 부족하고 결함이 있다고 느끼면서 정신적으로 자신을 호되게 야단친다. 버릇을 뜯어고치거나 방식을 바꾸거나 결점을 고칠 수 없는 자기 자신이 뭔가 잘못됐다고 생각한다. 하지만 결함은 진짜 결함이 아니다. 결함을 인생 경험의 일부로 받아들이는 순간 그 결함에 있던 부정적인 영향력이 소리 소문 없이 사라진다.

하지만 사람들은 자신의 결점을 받아들이고 싶어 하지 않는다. 결함은 나쁘고, 어떻게든 자신을 못생기게 혹은 사랑스럽지 않게 만든다고 생각하기 때문이다. 하지만 버릇없이 구는 아이와 마찬가지로 자신이 결함이라고 생각하는 것들은 부정적인 관심을 받음으로써 보상을 받는다. 부정적인 관심이 무관심보다 낫기 때문에 결함들이 계속 자신에게 못되게 굴 수도 있다. 따라서 우리가 감추고 고치려고 아주 힘들게 애쓰는 삶의 영역들은 실은 고쳐야 하는 부분이 아니다. 그것들은 사랑받아야 한다.

대다수 사람들은 불안과 결점이 자신을 방해하고, 그 때문에 스스로 뭔가 잘못된 것처럼 느낀다. 잘 풀리지 않을까봐 두렵고 미지의 것들이 무서워서 더 큰 꿈을 꾸거나 정말로 원하는 것을 시도하기를 두려워한다. 그러한 에너지들이 무수한 문제들과 부정적인 생각, 질병, 사회적 불안, 재정적 문제, 자기애 결여로 나타난다.

유니레버의 도브에서 실시한 연구에 따르면, 자신을 매력적이라고 보는 여성의 비율은 고작 2퍼센트에 불과했다.[4] 바꿔 말하면 여성의 98퍼센트는 자신의 뭔가를 바꾸고 싶어 하고, 자신을 충분히 사랑하고 받아들이지 않는다는 의미다.

나의 자기애 실험은 인생에서 사랑을 더 많이 느끼고 싶은 절실한 욕구에서 시작되었다. 나는 수치심, 죄책감, 자기혐오, 자기부정이 아닌 다른 감정을 느끼고 싶었다. 전쟁을 치르며 사는 인생에 진저리가 났다. 변화가 필요했다. 아니, 그렇다고 생각했다. 실제로는 내가 변화를 원하지 않는다는 사실을

---

4 Dove and Unilever, "Only Two Percent of Women Describe Themselves as Beautiful," PRNewswire, September 29, 2004. www.prnewswire.com/news-releases/only-two-percent-of-women-describe-themselves-as-beautiful-73980552.html.

당시에는 몰랐다. 뉴욕에서 활동하는 심리치료사 테리 콜Terri Cole에 따르면, 사람들은 하나같이 자기가 변화를 원한다고 생각하지만, 정작 변화하고 나면 항상 예전으로 되돌아가고 싶어 하고, 또 돌아간다고 한다.

나는 변화를 원했고, 필요했고, 그것을 열망했다. 자기애 실험은 내게는 과거에도 그렇고 지금도 마찬가지로 크고, 영광스럽고, 엉망진창이고, 끝내주고, 재미있고, 보람 있는 멋진 경험이다. 이런 경험 안에서 바꿔야 한다는 생각을 놓아버릴 기회를 얻고, 이전에는 한 번도 가져본 적 없었던 것, 바로 무조건적인 자기애를 나 자신에게 줄 수 있게 되었다.

대부분의 사람들은 삶의 여러 영역에서 불안을 감추고 수치심을 느낀다. 하지만 불안에 따뜻한 불을 비추는 것은 불안의 본질, 즉 불안이 자신의 일부이며 배우고 성장할 수 있는 기회라는 사실을 알게 된다는 뜻이다. **사랑스럽지 않다고 느끼는 부분들은 진실로 당신의 사랑을 갈구하고 있다. 그러니 자신을 고치려고 애쓰지 말라. 바꿀 것은 하나도 없다.**

있는 그대로에 항복하는 것은 상황을 있는 그대로 받아들이는 것이다. 바로 그 순간에 자신을 있는 그대로 인정하고 고맙게 여길 수 있게 된다. 그런 자기 수용이 얼마나 놀라운 경험을 선사하는지 당신도 느껴보기를 바란다.

실험을 하는 동안 나는 있는 그대로에 항복하는 것의 힘을 알게 되었고, 소셜 미디어에서 나 자신을 있는 그대로 드러내는 것을 통해 수용의 진정한 힘을 깨달았다. 예전에 나는 오로지 내가 찍은 이미지와 사진만 인스타그램과 페이스북에 올렸는데, 거기에 내가 나온 사진은 단 한 장도 없었다. 하지만 자기애를 느끼면 느낄수록 더욱 더 온전한 내 모습을 공유하고 싶은 마음이 생겼다. 제일 처음 올린 내 사진은 발리에 있는 어느 사원 앞에서 찍은 것이었다. 여전히 과체중으로 약간 살이 찐 모습이었지만 그 사진 속의 나는 예전에는 결코 보여주고 싶지 않았던 내가 아니었다. 자신과 자신의 몸에 대한 사랑과 고마움으로 가득한 여성이었다. 그 여성은 삶을 사랑하고 있었다. 그 사진을 올릴 때 나는 어떤 망설임도 후회도 없었다. 오직 사랑만이 존재했다.

하루쯤 지난 뒤 내 소셜 미디어 계정에 다시 접속했을 때 나는 수백 개의 '좋아요'와 '공유하기'를 받은 것을 확인했다. 몇몇 댓글은 정말 아름다웠다.

"우와, 이 사람, 정말 당신이에요? 아주 아름답네요. 매우 평온해 보여요."

"당신 사진을 더 보고 싶네요, 좋아요, 좋아요, 좋아요, 이 사진 너무 좋아요."

자기애 실험을 하기 전에 나는 소셜 미디어에 내 사진을 올리려면 살을 빼야 한다는 말을 입버릇처럼 했다. 하지만 자기애를 느끼면 느낄수록 목표에 도달했을 때가 아니라 지금 내 모습 그대로 존재하면서 바로 지금의 내 모습을 보이기가 더 수월해졌다. 목표한 곳에 도달하거나 목표를 이루고자 하는 욕망을 놓아버릴 수 있으면 실제로 이러한 과정이 가능해진다. 그리고 그 과정 안에서 진정한 치유가 일어날 수 있다.

받아들여지지 않으리라는
두려움 놓아버리기

일단 마음의 언어와 접촉하기 시작하자 나는 두려움이 아니라 사랑을 통해서 선택하기 시작했다. 하지만 여전히 자신감이 부족하고 자존감이 낮았다. 나를 안내하는 느낌들이 있었지만 처음에는 잘 들리지 않았다.

나는 2년 넘게 내 사진을 찍는 것을 피했다. 내 모습이 너무 창피했기 때문이다. 늘어난 몸무게가 너무 싫었다. 하지만 자기애 실험을 하는 동안 나를 인정하고 있는 그대로 받아들이는 것의 중요성을 깨달았다. 그래서 그저 나를 위해서 셀프 카메라를 찍기 시작했다.

처음에는 그것을 게시하거나 남들과 공유하지는 않았다. 단지 나를 인정하고 내 모습에 솔직해지고 싶어서 매일 사진을 찍었다. 이 작업을 통해 거울을 피하거나 나 자신을 헐렁한 옷에 숨기는 대신 나를 있는 그대로의 '나'로 보기 시작했다.

매일 내 모습을 촬영하는 과정이 내가 나만의 방식으로 특별하게 아름답다는 사실을 이해할 수 있도록 도와줬다. 더 이상 나로부터 달아날 필요가 없었다. 나를 더 잘 알 수 있었고, 나를 받아들일 수 있었고, 진짜 나를 내보일 수 있었다. 이것은 엄청난 자기애 행위였다. 진심으로 내 겉모습을 인정하는 것은 나 자신과의 관계를 바꾸는 데 도움이 됐다.

언젠가 한 남성이 페이스북에 이런 글을 올린 기억이 난다. "나는 셀카를 좋아한다. 그 사람의 외모가 잘생겨서가 아니다. 사진을 찍는 그 순간 그 사람이 자기 자신에 대해 좋은 감정을 느끼기 때문이다. 셀카를 찍는 사람은 자기 모습을 뿌듯해한다."

살면서 이런 생각을 해보는 게 중요하다. 자기가 싫어하는 모습이 무엇인지 확인하고 그 불안에 불을 비춤으로써 그 부분을 밝히는 것은 치유에 도움이 된다. 내가 셀카를 찍은 것은 내 상처에 백색광을 비추는 것이나 마찬가지였다. 나는 내 모습을 미워했다. 내 모습이 적나라하게 담긴 사진을 보는 것을 끔찍하게 싫어했다. 그래서 거기에 관심과 사랑을 주었다. 변화를 피하는 대신에 그 속으로 기꺼이 뛰어들어 내 좌절과 두려움을 보듬어 안았다. 그러자 변화가 찾아왔다.

불안을 못 본 체하지 않고 거기에 시선을 두면 불안을 치유할 수 있다.

이런 행동을 꾸준히 지속하면 자기를 사랑하는 것이 가능해진다. 자기 자신에게 솔직해지고, 인생의 불균형을 치유하려면 내부를 봐야 한다. 다음의 유도 명상은 불안과 두려움을 치유하는 데 도움이 될 수 있다.

'나는 두려움을 모른다' 유도 명상[5]

나는 두려움을 모른다.

나는 나를 믿는다.

나는 내 마음과 연결되기 위해서 안으로 눈을 돌린다.

나는 잘못된 선택을 할 수 없다. 모든 것이 신성한 질서 안에 있기 때문이다.

나는 두려움을 모른다.

나는 내가 원하는 것, 내가 진정으로 받을 만한 결과에 나의 의도를 집중한다.

---

5 명상 비디오는 유튜브 youtu.be/dmlyu7XMtr0에서 볼 수 있다.

나는 두려움을 모른다.

나는 나의 활기찬 에너지를 집중시킨다. 나는 생명으로 가득 차 있다. 나는 사랑으로 가득 차 있다.

나는 두려움을 모른다.

나는 미지의 것들을 신뢰한다. 내가 안내받고 있다는 사실을 알기 때문이다.

나에게는 바로 앞에서 펼쳐지고 있는 신성한 계획이 있다.

나는 두려움을 모른다.

나는 어떤 실수도 저지를 수 없다. 내가 하는 모든 선택은 진정한 내가 되도록 도와주기 때문이다. 나는 나의 진실에 부합한다.

나는 두려움을 모른다.

나는 사랑이 나를 이끌 수 있도록 한다. 나는 명료함과 통제력을 가지고 자신감 있게 앞으로 향한다.

나는 내 인생의 다음 장으로 용감하게 발을 내딛는다. 그리고 내가 원하는 것에 완전히 집중한다.

나는 진짜 목적을 이루지 못하게 방해하는 것들을 제거한다.

나는 두려움을 모른다.

나는 빛이 나를 관통하여 넘쳐흐를 수 있게 한다.

나는 사랑으로 가득 차 있다. 나는 열정으로 가득 차 있다. 나는 영감과 나의 진실로 가득 차 있다.

나는 힘이 있다는 기분을 느낀다.

나는 두려움을 모른다.

나는 나를 치유하고, 다른 사람들을 치유한다.

내가 나를 치유하는 데 집중할 때 모든 것이 제자리를 찾는다.

나는 나의 진실을 에너지와 순수한 기쁨과 함께 공유한다.

나는 두려움을 모른다.

내 꿈은 실현되고 있는 중이다. 나는 나를 믿고, 나의 미래를 믿는다. 그리고 내가 안내받고 있다는 사실을 안다. 나는 내 목표에 다다르고 있는 중이다.

나의 바람들이 나에게 가까이 오고 있는 중이다.

나는 두려움을 모른다.

나는 내 인생에서 좋은 것들을 끌어안는다. 나는 앞으로 나아가는 애정 어린 행동을 취한다. 나는 나의 최고선에 부합한다. 내 인생의 새로운 장을 보듬어 안음으로써 그것을 완전히 실행할 준비가 된다. 나는 나의 최고 자아에 연결된다. 나는 영원히 그리고 언제나 두려움을 모른다.

나는 날기 위해 나의 날개를 펼친다. 우아하게 힘들이지 않고 즐겁게 나의 미래로 솟아오른다. 나는 사랑이다.

나는 두려움을 모른다.

결과에 대한 집착
놓아버리기

내게는 20년 동안 복권 당첨에 관해 이야기하는 친구가 있다. 그 친구는 항상 이렇게 말한다.

"복권에 당첨되면 새 차를 살 거야."

"복권에 당첨되면 늘 듣고 싶었던 온라인 자기계발 프로그램을 결제할 거야."

그러면 나는 항상 이렇게 대꾸하고 싶었다.

"친구야, 그걸 지금 하는 게 어때? 왜 복권이 네 길을 막고 있는 걸 그냥 놔두는 거야?"

정말로 원한다면 지금 손에 넣을 수 있는 방법을 찾을 수는 없을까? 그렇다. 우리가 적용하고 싶어 하는 사고방식은 바로 이런 것이다. 진정한 잠재력에 이르려면 나중이 아니라 바로 지금 꿈을 이룸으로써 현재의 자기 자신을 내보여야 한다.

복권에 당첨되면, 살을 빼거나 소울 메이트를 만나면, 이라는 전제는 자신이 그만큼 중요한 존재가 아니고, 자신의 욕망이 추구할 만한 가치가 없다는 메시지를 잠재의식에게 보내고 있는 것이다. 이는 외부적인 요인들, 즉 복권이나 임금 인상, 자신의 애정 결핍을 채워줄 타인을 기다리고 있다는 뜻이다. 이렇게 함으로써 우리는 현실에 안주한다. 그래서 나는 이것을 '거의 천국 증후군'이라고 부른다. '거의 천국 증후군'은 변화를 추구하되 부족한 것, 없는 것에 집중하는 것이다. 우리는 아직 오지 않은 것을 원한다. 그래서 왜 그것이 여기 없는지에 더 초점을 맞춘다. 이러한 결핍은 점점 더 강력해져서 진짜 욕망을 더 이상 추구하지 못하게 막는다. 우리를 고정된 패턴 안에 가둔다. 20년이 지난 지금도 내 친구는 아직 잭팟을 터뜨리지 못했다. '거의 천국'에 갇혀 있기 때문이다.

자기애 실험이 줄 수 있는 가장 위대한 선물은 삶이 내일이 아니라 이 순간에 있다는 것을, 여기가 바로 천국이라는 사실을 이해할 수 있게 해준다는 것이다.

천국은 늘 손 닿지 않는 아득한 꿈속에 있는 게 아니다. 우리 안에, 즉 우리 마음속에 있다. 천국은 이 순간, 그저 있는 그대로 자신이 완벽하다는 사실을 깨닫는 상태와 다름없다.

내가 가장 좋아하는 영화 가운데 하나인 '비치The Beach'(2000)
는 앨릭스 갈런드Alex Garland가 쓴 책에 기초한 작품으로, 완벽
함의 추구에 관한 내용을 다룬다. [6]

영화는 삶의 이상적인 모습들에 대한 비유로 가득하다. 나
이, 경제적 혹은 종교적 배경, 사회적 선호와 상관없이 사람들
은 언제나 뭔가를 추구한다. 영화 속 이 대사처럼 말이다.

"우리는 빠진 조각을 찾으려고 애쓰면서 인생을 빙빙 돌지.
마치 낙원이 해피엔딩을 가져다줄 것처럼."

주인공 리처드는 이렇게 말한다.

"절대로 초대를 거절하지 마. 절대로 익숙하지 않은 것들에
저항하지 마. 반드시 예의바르게 굴어. 그리고 절대로 미움을
살 만큼 너무 오래 머무르지 마. 그냥 마음을 열고서 그 경험
에 푹 빠져야 해. 그거 알아? 만약 아프다면 그건 그대로 가치
있는 일일 거야."

맞다. 때로는 아프고 결과를 기다리는 것이 고통스러울 때
도 있다. 하지만 그 아픔 또한 인생 경험의 일부다. 좌절, 고통,

---

6 Alex Garland, The Beach, New York: Riverhead Books, 1997.

놓쳐버린 기회, 실패가 전부 지금 이 순간을 이룬다. 이 순간 자체가 중요하다. 천국은 내일이 아니기 때문이다. 천국은 오늘 지금 이 순간에 있다.

레오나르도 디카프리오가 연기하는 리처드는 계속해서 이렇게 말한다.

"넌 바라고, 꿈을 꿔. 하지만 뭔가가 너를 위해서 일어나리라고는 절대로 믿지 않지. 영화 속에서 벌어지는 일과는 달라. 실제로 그런 일이 벌어지면, 넌 그것이 다르게 느껴지기를, 더 본능적이고, 더 진짜처럼 느껴지기를 바라게 돼."

'거의 천국 증후군'이 그토록 자연스럽게 느껴지는 이유는 바로 이 때문이다. 하지만 그동안 기다려온 것을 실제로 손에 넣었을 때의 기분은 생각했던 것과 다르다. 많은 사람들은 이런 사실을 인정하지 않고 바라는 것을 이루자마자 더 크고, 더 새롭고, 더 빛나는 새로운 천국을 추구한다.

내 인생에서도 이런 현상은 수도 없이 벌어졌다. 엄청난 경쟁률을 뚫고 세계에서 가장 큰 광고회사 가운데 한 곳에 취직했을 때였다. 그건 내가 너무나 바라던 일이었지만 성취감은 한순간뿐이었다. 그다음에는 새 거래처인 뉴질랜드로 가서 일하라는 요청을 받았다. 그 또한 내가 꿈에 그리던 천국의

한 부분이었지만, 막상 닥치고 보니 내가 기대하거나 예상했던 것과는 전혀 다른 기분이 들었다. 다이어트를 철저히 해서 내가 정말 갖고 싶었던 야위고 마른 몸이 되었을 때도 나는 그다지 기쁘지 않았다. 아니 사실은 슬프고 불행했다. 그리고 곧 예전보다 더 살이 쪘다. 내가 이 책 직전에 출간한《영혼을 위한 모험Adventures for Your Soul》[7]이 아마존 베스트셀러에 4주 연속 올라가 있을 때도 마찬가지였다. 분명 아주 잠깐 동안은 흥분됐지만 그 흥분은 며칠 만에 희미해졌고 나는 다음 천국, 그러니까 '이젠〈뉴욕 타임스〉베스트셀러가 되는 걸 목표로 해볼까?'에 집중하기 시작했다. 늘 현재에 머물지 못하고 다음 천국을 찾았다. 실제로 원하는 것을 손에 넣어도 또 다른 기대 때문에 항상 진심으로 기뻐하지 못하고 다른 기분을 느끼게 된다.

원하는 것을 손에 넣었을 때 진심으로 고마워하려면 기대를 버리고 변화의 의미를 인정해야 한다. 가장 원하는 것이 이미 여기 있는 것처럼 행동함으로써 그것을 실천할 수 있다. 솔직히 말해서 가장 원하는 것은 매순간 자기 안에 있다.

이 말은 목표를 버리라는 얘기가 아니다. 나는 여전히〈뉴

---

7 Shannon Kaiser, Adventures for Your Soul: 21 Ways to Transform Your Habits and Reach Your Full Potential, New York: Berkley, 2015.

욕 타임스〉 베스트셀러 작가가 되고 싶은 바람을 품고 있다. 여전히 살을 더 빼고 싶다는 바람도 있다. 하지만 이제는 여정 자체와 현재 일어나고 있는 모든 일에 찬사를 보낸다.

아직 오지 않은 '천국'이라는 목표는 이제 더 이상 나를 사로잡지 못한다. 천국을 갖겠다는 나의 욕망은 더 이상 외부에 있지 않다. 천국은 이미 여기, 바로 내 안에 있다는 것을 잘 알기 때문이다.

앨릭스 갈런드가 《비치The Beach》에서 언급했듯이 "나는 여전히 낙원을 믿는다. 하지만 적어도 지금은 그것이 찾을 수 있는 어떤 장소가 아니라는 것을 잘 안다. 낙원은 가야 할 장소가 아니라 살면서 자신이 뭔가의 일부가 될 때 잠깐 느끼는 기분이다. 만약 그런 순간을 찾게 되면 낙원은 영원히 지속된다."

당신의 천국, 당신이 이루려고 그토록 노력하고 있는 궁극적인 목표와 욕망은 무엇인가? 원하는 진짜 감정이 무엇인지 자기 자신에게 물어보라. 가령 소울 메이트를 만나고 싶을 수 있다. 당신을 있는 그대로 사랑하고 존중하고 칭찬하는 동반자를 갈망하고 있을지도 모른다. 그럴 때 초점을 맞추고 있는 결과는 동반자를 만나는 것이다. 하지만 우리가 너무 결과에

만 초점을 맞추고 있다는 것을 인식해야 한다.

우리는 원하는 것을 얻으면 필요한 것을 손에 넣으리라고 생각한다. 하지만 진실은 정반대다. 실제로는 우리가 가장 바라는 것을 자기 자신에게 가장 먼저 줘야 한다. 그러고 나면 바라는 것이 훨씬 더 쉽게 올 수 있다. 소울 메이트를 원한다면, 그래서 사랑받는 기분을 느낄 수 있으려면, 제일 먼저 자기 자신을 사랑해야 한다. 자기 자신을 이해하고 존중하고 칭찬해야 한다. 원하는 것을 자기 자신에게 가장 먼저 주면, 원하는 것이 이미 자기 안에 다 들어 있다는 사실을 알게 될 것이다.

몸에게 쓰는 편지

자신의 외모를 감사히 여기는 것은 이미 자기 안에 있는 사랑을 받아들이고, 사랑이 빛나도록 하는 것이다. 이는 사랑을 받아들임으로써 할 수 있는 일이다. 내가 쓴 책《영혼을 위한 모험》에는 사랑을 받아들이는 것을 주제로 한 장章이 있다. 자신을 사랑하려면 자신의 생각을 알고 의식적으로 사랑을 선택하는 게 매우 중요하다. 사랑의 힘을 알지 못하면 마음이 부정적인 수군거림에 주도권을 내주게 된다.

자기 자신에게 다정함을 느낄수록 삶이 더 수월해진다.
처음에는 오로지 살을 빼는 것이 나를 사랑하는 길이라고 생각했었다. 하지만 차츰 내게 필요한 자기애 실험이 결코 살을 빼는 것과 관련된 게 아니라는 사실이 드러났다. 자기애 실험에 더 깊이 뛰어들었을 때 나 자신을 사랑하는 것은 몸무게를 뛰어넘는 훨씬 더 깊은 부분과 관련되어 있다는 것을 이해했다.

자기애는 진실로 나를 위해서 나를 사랑하는 것이었다. 매 순간 있는 그대로 나를 사랑하는 것. 사랑을 받아들이는 것은 자신의 힘을 발견하는 것이다. 실험하는 동안 나는 예전에는 한 번도 해볼 생각을 하지 않았던 일, 바로 내 몸에게 고마워하기를 진행했다. 그토록 오랜 세월 동안 미워했던 나의 일부에게 연민을 담은 편지를 썼다. 이런 과정을 통해 근본적으로 나에 대한 사랑이 깊어졌고, 내 피부 안에서 더 행복한 감정을 느끼게 되었다. 내가 쓴 편지는 이러했다.

사랑하는 몸에게

내 생애에서 한 번도 이런 말을 해본 적이 없다는 걸 믿을 수가 없어.

사랑하는 몸아, 너무 늦었지만 내가 하는 말을 들어야 해.

내가 널 사랑한다는 걸 너도 알아야 해. 네가 참으로 아름답다는 걸 알아야 해.

넌 믿을 수 없을 정도로 아름다워. 네 모든 것, 늘어난 피부 하나하나,

신체 사이즈 하나하나가 기적이야. 마침내 나는 있는 그대로 널 보게 됐어.

내 심오한 인간성의 아름다운 발로發露. 넌 나의 일부야.

드디어 나는 네가 나의 적이 아니라는 진실을 알 수 있게 되었어.

넌 한 번도 내 적이었던 순간이 없었어.

수년 동안 나는 널 꼬집으며 울부짖곤 했지. 더 날씬한 몸, 달라진 몸매,

더 줄어든 위를 달라고 기도하면서 말이야. 나는 나를 미워했어.

널 경멸했기 때문이지. 네가 달라지게 해달라고 빌었어.

'네가 아니라' 더 작고, 더 날씬한 몸을 원했어. 네가 그렇게 뚱뚱하지 않고,

두껍거나 둥글둥글하지 않으면 내 인생이 더 나아질 거라고 생각했어.

네가 변하기를 바랐어.

나에 대해서 자신감을 가질 수 있도록 네가 변했으면 했어.

하지만 기적은 네가 변해서가 아니라 내 마음이 변하면서 찾아왔어.

35년을 살면서 나는 처음으로 너를 있는 그대로 보게 됐어.

네 모습 그대로 완전하다는 것을 보게 됐어.

사랑하는 몸아, 넌 이 세상에 주는 유일한 선물이야. 왜냐고?

이 세상에 너와 똑같은 몸은 없기 때문이야. 넌 특별해. 네가 그동안 견뎌온

모든 것에 찬사를 보내.

그동안 난 충만함을 느끼지 못하는 관계, 내 영혼을 쪽쪽 빨아먹는 일,

가벼운 통장과 충족되지 못한 기대를 다 네 탓이라고 책임 전가했어.

내 인생에서 잘못된 것에 집중하는 것보다 네 잘못에 집중하는 게

훨씬 쉬웠거든. 너를 무시하는 데 집중하는 한 모든 문제를 피할 수 있었지.

모든 것을 네 탓으로 돌리면 내게 가장 필요한 것,

바로 자기애로부터 달아나기가 쉬웠어.

문제는 결코 네가 아니었어. 사랑하는 몸아.

넌 나의 눈부시게 아름다운 부분이야. 네가 드러내는 모든 것들이

내가 '나 자신'으로 존재하도록 돕고 있어. 네가 없었다면 넌 여기 없었을 거야.

난 수십 년 동안 모든 것이 네 잘못이라고 생각했는데, 넌 그럼에도 변함없이

내 곁에 머물렀지. 내가 더 큰 꿈을 꾸도록, 더 많은 것에 손을 뻗도록, 예전에는

한 번도 탐구해본 적 없던 새로운 방식으로 세상을 살아가도록 도와줬어.

넌 나의 보호자야. 내 집이야. 내 사원이야. 네가 없었다면

내가 결코 이룰 수 없었을 일들을 할 수 있게 해줬어. 나는 네가 고마워.

사랑하는 몸아, 넌 내 마음을 품고 있어. 내면의 직관적인 안내에 귀 기울이고,

작가로서의 열정을 발견할 수 있도록 우울증을 안겨주고 회사를 버리고 떠나라

고 말해준 그 마음을 네가 품고 있어. 더 큰 꿈에 손을 뻗도록 그물을 던진

그 마음을 품고 있어. 사랑하는 몸아, 넌 내 생각들을 구체화하도록

타이핑하는 것을 도와주는 두 손을 갖고 있어.

내 사랑하는 몸아, 넌 내 뇌를, 가능한 일에 대해 열정을 가득 불어넣으면서

인생에 대해 생각하고 분석할 수 있는 뇌를 지니고 있어.

사랑하는 몸아, 넌 매일 나를 위해 나를 보듬으며 내 곁에 서 있었어.

이제 내가 널 위해 있는 그대로 널 받아들일 시간이야.

네가 살을 더 뺐을 때가 아니고, 네가 소울 메이트를 만났을 때가 아니고,

네가 새 책을 계약했을 때가 아니라 지금 이 순간, 바로 지금 널

온전히 받아들이고 사랑해.

오늘 나는 네가 고맙다. 네가 없었다면 나는 내가 되지 못했을 테니까.

미움의 세월 덕에 사랑을 찾을 수 있었어. 넌 내가 더 연민을 가지고,

더 사랑하고, 더 이해하고, 더 인내하는 사람이 되도록 도와줬어.

사랑하는 몸아, 넌 본모습과 다른 사람이 되기를 원하는 세상에서

'나'로 존재하는 법을 가르쳐줬어. 진짜 '나'로 존재하는 용기를 줬어.

삶의 매순간마다 있는 그대로 널 사랑하겠다고 약속해.

너에게 친절하게 말하고 연민을 실천할 거야. 존중을 담아 널 대하고,

너의 안내를 신뢰할 거야. 난 네 친구가 되기로,

널 그 자체로 사랑하기로 약속해.

사랑하는 몸아, 난 네가 고마워. 우리의 투쟁을 통해서

내가 가진 진정한 힘을 발견했으니까. 진정한 친구를 찾았으니까.

그리고 앞으로도 우리는 함께 훨씬 더 많은 것을 할 수 있을 테니까.

난 이제 네 편이야. 난 너의 과거, 너의 현재, 너의 미래를 전부 다 받아들이고

사랑하기로 선택했어. 너라서 고마워. 네 모든 것, 있는 그대로를.

튼 살, 불필요한 속살, 오동통한 뺨까지 네 모든 것을 보듬어 안을 거야.

네가 없었으면 우린 여기 있지 못했을 테니까. 널 사랑해,

사랑하는 몸아. 넌 나이고, 내 인생 경험의 한 부분이야. 고마워.

사랑해, 나를.

자기애 실험을 하는 동안 몸에 관한 깊은 통찰을 얻게 되었을 때, 나는 이 편지를 썼다. 자신의 가장 미운 부분, 치유하고 싶은 부분에게 편지를 쓰는 것은 그 부위와 나누는 진실한 대화이자 사랑의 표현이다. 나는 이 편지를 소중하게 간직하고 있고, 용기와 연민이 필요할 때마다 종종 다시 읽어보곤 한다. 가장 깊숙한 곳에 웅크리고 있는 자신의 아픈 부분에 편지를 쓸 수 있다면 이제 자기애 실험의 다음 단계로 넘어갈 차례다.

두려워하는 결과가 있는데 행동을 취하지 않으면, 바로 그 두려워하는 결과를 얻게 된다.[8]

– 마스틴 킵Mastin Kipp

---

8 Mastin Kipp, The Daily Love Book Tour Live Workshop Event, Portland, Oregon, 2015.

두려움에 주도권을
내주지 않기

자기애 실험을 하다 보면 어느 순간 두려움을 자신에게 유리하게 사용하고 싶은 생각이 든다. 이는 두려움에게 말을 걸고 운전석에서 나오라고 할 때 가능하다. 두려움이 결정을 주도해서는 안 된다. 자기애 실험을 하는 내내 두려움이 따라붙을 수 있다. 하지만 두려움을 없앨 필요는 없다. 두려움을 알고, 두려움을 멈추고, 두려움을 바꾸는 것이 자기 자신을 위한 기회이다. 우리에게는 두려움이 필요하다. 두려움은 인간이 앞으로 나아가는 데 도움이 되기 때문이다.

하지만 세상일이 다 그렇듯이 두려움 역시 좋을 수도, 나쁠 수도 있다. 모든 게 다 두려움을 어떻게 사용하는지에 달려 있다. 두려움은 단지 관심이 필요할 뿐인 외톨이 아이와도 같다.

관심받지 못한다고 생각하면 못되게 굴 것이다. 대체로 더 시끄러워지고, 앞으로 나아가는 것을 막는다. 하지만 자기 자신에게 힘을 주고 목표를 달성하기 위해서 두려움을 적극적으로 활용할 수도 있다. 어떻게 그게 가능하냐고? 두려움을 매력으로 바꾸면 된다.

내가 코칭을 업으로 하면서 내 고객들에게 사용한 최고로 획기적인 수단 중 하나는 '두려움-확언 전환' 도구다. 이것은 자신을 행동하지 못하게 하는 제한적인 믿음을 부수고 자신의 진실을 긍정할 수 있도록 하는 하나의 과정이다.

당신이 할 일은 오로지 자신의 두려움을 알아보는 것이다. 이는 "내가 바꾸고 싶은 상황에 대한 현재 나의 믿음은 무엇인가?"라고 질문함으로써 가능하다.

예를 들면, 나는 살을 빼려고 계속 노력했지만 살이 쪘다 빠지기를 반복했다. 나의 숨겨진 두려움은 내 상황에 대한 나의 믿음이었다. 나는 나 자신에게 이런 말을 하곤 했다.

"나는 비만이 될 운명이야. 비만은 외가 쪽으로 계속 대물림되고 있는 유전이니까. 살을 빼려고 계속 노력했지만 아무 효과가 없었어."

이런 말들은 나를 제한하는 믿음, 말하자면 나의 두려움이었다. 그것들은 그저 내 인생에서 작동하는 두려운 생각에 불과했다. 너무 익숙해서 진짜처럼 느껴지기 때문에 가끔은 두려운 생각이라고 인식조차 하지 못하는 그런 생각들.

그런 생각들의 목록을 만들어야 한다. 이 방법은 내 친구이자 코칭 강사인 크리스틴 아릴로Christine Arylo가 가르쳐준 것이다.

종이 중간에 선을 하나 그어서 2개의 열을 만들어라. 왼쪽 열에는 두려움과 관련된 자신의 생각을 전부 나열한다. 왼쪽 열 맨 위에는 '나의 두려움 혹은 현재 생각들'이라는 제목을 쓰고 오른쪽 열에는 '나의 진실'이라고 쓴다. 이 칸에는 개인적인 확언들을 나열한다. "전에 살을 빼려고 노력했지만 한 번도 성공하지 못했다."는 문장은 "내가 진짜 준비가 되면 수월할 것이다."로 바뀐다. 진실은 두려운 생각과 정반대다.

이처럼 두려움을 확언으로 바꾸면 관점이 달라지는 것을 알게 된다. 더 가벼워지고, 더 행복해지고, 더 균형 잡힌 느낌이 든다. 오른쪽 열에 있는 확언 목록은 자신이 운명적으로 끌어들이게 될 강력한 진실들이다. 이 방법은 효과가 있다. 나는 회사를 관두고 작가로서 내가 사랑하는 일을 하며 돈을 버는 것, 사랑하는 사람을 찾는 것과 관련된 두려움을 치유하려고 이 방법을 사용했다. 그리고 이를 통해 내가 사랑스럽지 않다는 두려움을 치유했고, 내 몸을 사랑하지 않는 것을 둘러싼 불안을 치유했다. 현재 씨름하고 있는 것이 무엇이건 간에 모든 사람에게는 인생에서 개선하고 싶은 영역이 적어도 하나쯤은 있는데, 이 작업을 통해 매우 효과적인 도움을 받을 수 있다.

진실의 목록을 만든 다음에는 이 목록을 매일 반복한다. 포스트잇에 적어두거나 출력해서 지갑에 넣어둘 수 있다. 매일 목록을 보면서 반복하면 긍정적인 사고방식이 더 강화되고, 기쁨과 매력을 통해 두려움을 헤치고 나가는 데 도움이 된다.

이 방법이 효과가 있는 것은 그것이 사랑에 기초한 생각들이기 때문이다. 사랑을 바탕으로 의식을 바꾸기 시작하면 더 많은 기회와 기적을 인생에서 자주 경험하게 된다. 다만 목표 달성에 가까워질수록 두려움이 더 시끄럽게 자기주장을 하는데, 그럴 때는 그 두려움이 감추고 있는 숨은 동기를 찾아야 한다.

자기애 실험을 하기 전에 나는 살을 빼려고 시도한 적이 많았다. 종종 목표 체중의 2~4킬로그램 안에 들어갔다가도 눈 깜짝할 사이에 살을 빼기 전보다 훨씬 더 많이 체중이 불곤 했다. 그것은 자기 파괴 이상이었다. 에고의 저항이었다. 왜 그런 일이 일어났을까? 한 번도 과식의 근본 원인을 밝히지 않았기 때문이다.

다들 진전이 되는 듯싶다가도 개선하기 어려운 막막한 상태에 머무르는 시기가 있는데, 그럴 때는 거기에 웅크리고 있는 숨은 동기를 찾아야 한다. 다이어트에 고전을 면치 못할 때 나는 나를 가로막고 있는 실체가 뭔지 알고 싶었다. 그래서 나를 옴짝달싹 못하게 하는 숨은 동기를 찾게 되었다. 코칭 수업 현장에서 나는 개인의 숨은 동기를 알아보기 위해 '너 자신을 알라' 기법을 사용하는데, 그 요인은 대부분 이 가운데 하나 혹은 전부에 속한다.

1. 저항 자아
2. 보상 자아
3. 보호 자아
4. 외로운 자아

저항 자아

저항 자아는 보통 어린 시절에 부모나 교사 혹은 지도하려고 하는 어른들이 해야 할 일과 하지 말아야 할 일을 구분해줄 때 시작된다. 말하자면 저항 자아는 자신을 채찍질하고 자신이 싫어하는 것에 저항하고 싶어 하는 자신의 일부분이다.

내 경우에는 건강하게 먹는 식습관에 저항했다. 내가 먹고 싶은 것을 먹을 수 있다는 것을 증명하고 싶었기 때문이다. 자기 목소리를 내고 싶어 하기 때문에 저항 자아는 그러지 못할 때 못되게 군다.

나는 매일 설탕을 먹는 아버지와 설탕이 나쁘다고 가르치는 어머니가 함께 사는 집에서 자랐다. 어린 시절 어머니의 인정을 받아야 한다는 압박감에 나는 아버지가 즐겨먹는 간식을 내 방 벽장에 숨어서 먹곤 했다. 당연하게도 나는 지나치게 건강을 의식하는 어머니에 대한 잠재의식의 저항으로 설탕에 중독되었다.

이처럼 모든 사람에게는 저항 자아가 있다. 그런데 이 저항 자아의 반응을 지나치게 통제하는 것이 문제다. 자신이 인생에서 어떤 것에 저항하는 경향이 있는지 살펴보아야 한다. 원하는 것을 살 수 있을 만큼 돈이 있고, 돈 문제가 자신을 규정하지 않는다는 것을 증명하기 위해 분수에 넘치는 소비를 하지는 않는가. 사회적 규범이나 부모가 바라는 것에 저항하고 싶어서 어울리지 않는 사람과 사귀고 있지는 않은가. 자신의 반항적인 기질이 얼마나 행복을 방해하고 있는지 봐야 한다. 내 경우에는 설탕을 먹지 말아야 한다는 어머니의 말에 저항하고 싶었던 내 저항 자아가 나를 뚱뚱하고 불행하게 만들었다. 내가 반항하는 이유를 알고 나서야 나는 그런 패턴을 치유할 수 있었다.

보상 자아

인간은 보상을 갈구한다. 어린 시절에는 거의 모든 것에서 보상을 받지만, 성장해가면서 보상이 줄어드는 경향이 있다. 그래서 우리는 가끔 과식을 하거나 과소비를 하면서 아무렇게나 행동한다. 우리 자신에게 보상하고 싶기 때문이다.

"난 정말 열심히 일했어. 그러니 작은 선물을 받을 자격이 있어."

이런 식이다. 내 보상 체계는 언제나 그렇듯 음식이었다. 하지만 오랫동안 그런 사실을 인식조차 하지 못했다. 회사에서 좋은 일이 있으면 아이스크림을 먹으러 가서 축하했다. 최악의 하루를 보낸 후 격려가 필요할 때는 더 많은 아이스크림을 먹었다.

보상 체계는 우리가 느낄 수도 있는 불안에 대해 과잉 보상하는 경향이 있다. 내가 보상 체계로 늘 음식을 먹는다는 것은 보상 체계가 과잉 작동하고 있다는 의미였다. 나는 이 사실에 대해 솔직해져야 했다. 음식은 순간적이고 즉각적인 만족감과 희열을 제공하긴 했지만, 그런 보상은 일시적이었다. 내가 진정으로 원하는 것은 건강하게 오랜 시간 기분 좋은 상태로 있는 것이었다. 그래서 자기애 실험을 시작했을 때 나는 즉각적인 보상보다는 장기 보상에 초점을 맞췄다. 그러자 단기 해결책은 과거의 것, 지나간 일이 되어버렸다.

자기 자신에게 보상하기 위해서 어떤 행동을 하고 있는가. 습관적으로 이용하는 보상 체계에 대해 솔직해지는 것이 앞으로 나아가는 데 도움이 될 것이다.

보호 자아

보호 자아는 과거의 상처로 인해 보호받고 싶어 하는 자아이다. 보호 자아는 상처를 입었기 때문에 우리가 더 이상 상처받지 않기를 바란다. 그래서 현재에 안전하게 머무르기를 원한다. 마음이 산산조각 나는 관계를 한 번 더 시도하는 대신에 소심해지게 한다. 전 직장에서 해고당한 경험이 있어서 이번 직장에 안주하게 만들기도 한다.

내 경우에는 가혹한 현실로부터 나를 보호하는 완충재로 내 몸을 이용했다. 나는 안전하다는 기분을 느낄 수 있을 만큼 세상과 나 사이에 막을 만들고 싶었고, 그게 내 몸에 지방으로 쌓였다. 세상으로부터 나를 보호하기 위해 반드시 몸무게를 늘려야 하는 것은 아니다. 끊지 못하는 습관이 될 수도 있고, 중독이나 사람에 대한 집착이 될 수도 있다. 우리는 안전하다는 기분을 느끼기 위해서 자신을 보호해줄 특정한 것에 빠져든다. 무엇을 할 때 안전하고 보호받는다는 느낌이 드는가? 스스로에게 물어보라.

외로운 자아

우리의 내면 깊은 곳에는 자기 파괴적 행동으로 인해 감춰져 있는 숨겨진 층이 하나 있다. 이 자아는 위로와 접촉, 친밀함과 지지를 갈망하는 자아로, 온전함을 느끼기 위해 접촉이 필요한 자신의 일부분이다.

외로운 자아는 대체로 무척 고통스럽다. 사람들은 외로움을 피하기 위해서라면 뭐든지 할 것이다. 심지어 자기 자신을 해칠 위험을 무릅쓰고서라도 말이다. 외로움을 피하기 위한 행동에는 부적절한 사람과 잠자리를 하는 것, 유효기간이 지난 관계를 계속 유지하는 것, 과식, 약물 사용, 도박, 중독 등이 있지만, 이런 것들로 한정되지 않는다.

대부분의 사람들은 자신이 외롭다는 사실을 인정하기 두려워한다. 가슴 아픈 이별을 경험한 뒤에 나는 먹는 것으로 외로움을 감췄다. 그 때문에 내가 외롭고 사랑을 원한다는 사실을 인정하지 못했다. 자기 감정을 인정하면 외로운 자아의 해로운 면에서 자유로워질 수 있다. 외로움으로부터 달아나는 대신 외로움을 온전히 느끼고, 보듬어 안고, 외로움의 감정이 자신을 관통하여 흐르도록 놔둬야 한다. 감정을 자유롭게 흐르게 하면 더 균형 잡힌 삶의 방식이 자리 잡힌다.

정말로 변화를 원한다면 감정 뒤에 있는 자신의 숨은 동기를 살펴봐야 한다. 어떤 일을 하는 데는 다 이유가 있다. 어떤 사람들은 목표 달성에 가까워지면 자기 파괴적인 행동을 하기도 하는데, 그건 그 뒤에 숨은 동기를 잘 알지 못하기 때문이다. 진정한 변화를 위해서는 자기 자신의 숨은 동기를 이해해야 한다. 자신의 행동과 가장 긴밀하게 연결되어 있는 동기는 무엇이고, 그 동기가 원하는 것을 어떤 식으로 망쳤는가.

자기애 실험을 하는 동안 나는 열린 마음으로 변화할 준비가 되어 있었다. 변화가 언제 혹은 어떤 식으로 일어날지는 알 수 없었다. 하지만 이 책에서 이야기하는 원칙들을 모두 적용하기 시작했을 때 나는 치유를 위한 준비가 되어 있었다. 그러자 치유가 빠른 속도로 진행되었다.

해외에 거주하면서 여행을 시작한 지 3주 정도 지났을 때 어마어마한 치유가 나에게 일어났다. 나는 귀중하고 가치 있는 것을 여행 가방 하나에 모조리 넣어 짐을 싼 뒤 6개월 동안 해외를 옮겨 다니며 6개국에서 살았다. 그것은 마음이 원하는 것을 따르고, 미지의 것들에 온전히 뛰어들겠다는 나의 오랜 바람이었다. 그러자 내적 변화가 일어났다. 변화는 갑작스럽지 않았다. 하지만 모든 문제와 부정적인 상황들, 그리고 그에 동반된 감정들이 즉각적으로 사라지는 느낌이 들었다.

모로코의 수도 라바트에 머물 때 나는 거주하던 아파트 옥상에서 요가를 하고 있었다. 그날 저녁은 진정한 자아를 발견한 날로 영원히 기억될 것이다. 달라진 것은 아무것도 없었지만 모든 게 바뀌었다. 그날 요가 수업을 하다가 일몰을 바라보았을 때, 나는 해방감을 느꼈다. 그토록 힘들게 노력하면서 도달하려 했던 변화가 일어나고 있었다. 불현듯 찾아온 새로운 자각, 이전에는 한 번도 느껴보지 못한 의식이었다. 나는 온전한 자기애를 느꼈다.

자기애. 35년을 살아오면서 처음 느껴본 감정이었다. 나는 요가 자세를 취하면서 몸을 구부리고 있었다. 부어오른 내 발목을 만지면서 연민의 마음으로 내 피부를 느끼고 있었다. 내 발목과 발은 몇 주 동안 퉁퉁 부어 있었다. 몸이 비명을 지르고 있있다. 그깃은 내 몸이 니의 시랑과 관심이 필요하다는 의미였다. 그 순간 눈물이 밖으로 터져 나왔다. 처음으로 나는 내 몸을 적이나 공격적인 대상으로 대하지 않은 채, 부어 있는 피부를 다독이며 이야기했다.

"널 이렇게 대해서 정말 정말 정말 미안해. 네가 고통을 겪게 해서 정말 미안해. 정말 미안해."

솔직하고, 생생하고, 뒤늦은 사과였다. 눈물이 줄줄 흘렀다. 그 눈물은 고통의 눈물이 아니라, 갓난 자식을 대하는 어머니의 사랑 혹은 인류에 대한 신의 사랑 같은 무조건적인 사랑의 눈물이었다. 그것이 바로 자기애였다. 나를 돌보고 보살피고자 하는 깊은 갈망.

나는 부어오른 내 피부를 정성스럽게 쓰다듬었다. 나는 내 몸을 수십 년 동안 정신적, 육체적, 감정적으로 학대했다. 충분히 훌륭하지 않다고, 많이 부족하다고, 아름답지 않다고 비난했다. 내 피부는 내가 가한 그 모든 증오 때문에 고통 속에서 울부짖고 있었다. 그리고 이제 우리는 사랑의 힘 안에서 서로 연결되었다. 내 몸은 치유될 준비가 되었고, 나는 내 몸을 보살필 준비가 되었다. 내 눈물은 사랑을 담고 있었고, 그 눈물은 내 마음 깊은 곳에 있는 보살핌과 관심에서 나온 것이었다. 수치심이나 죄책감이 아니라 순수한 사랑과 용서를 구하는 눈물이었다.

"부디 나를 용서해줘. 나는 나를 잘 몰랐어. 널 그렇게 다그칠 때조차도 나는 내가 아는 선에서 최선을 다한 거란다."

그것은 사랑이었다. 나는 무조건적인 사랑을 발견했다. 나는 내 몸과 함께 존재하고 서로 친구가 됨으로써 내가 충분히 훌륭하지 않다거나, 충분히 강하지 않다거나, 충분히 아름답지 않다고 하는 제한적인 믿음들을 놓아버렸다.

다음날 일어나 보니 전날 체중계에 올랐을 때보다 2킬로그램이 빠져 있었다. 분노와 증오를 놓아버린 것이 줄어든 몸무게로 나타났다. 진심으로 나를 사랑하게 되자 문자 그대로 더 가벼워지고 더 자유로워졌다. 놓아버리고 사랑을 안으로 들이면서 나는 비로소 치유될 수 있었다. 나는 편견 없고 솔직하며 생생한 자기애를 찾아냈다.

자기애의 가장 깊은 곳까지 스스로 뛰어들면 자신의 진실을 깨닫고 자기 자신에게 필요한 것을 얻는다.

궤도에서 이탈하거나
뒤처졌다는 생각 버리기

요가를 하다가 자기애의 실체를 맞닥뜨렸을 때, 그것은 완전하고 완벽한 항복이었다. 마침내 진정한 마음의 부름에 귀 기울일 수 있는 탄탄한 기반이 생겼다.

자기애 실험은 자신이 중요한 존재라는 사실을 아는 것에서부터 시작한다. 여기에는 자신의 가장 깊고 어두운 욕망도 포함된다. 마음속 깊숙한 곳에 밀어 넣어둔 은밀한 꿈들. 이런 꿈들을 실현하는 데 있어서 자신이 무가치하거나 충분히 훌륭하지 않다고 믿는 것은 자기 자신을 사랑하지 않을 때 일반적으로 보이는 태도다. 저마다 정말 원하는 것을 시도하지 않는 이유가 있다.

"내가 진정으로 원하는 것은 무엇일까? 그러니까 시간이나 돈, 능력이 문제가 되지 않는다면, 모든 것이 다 잘 풀릴 것이고 마음속으로 바라는 만큼 아름다워지리라는 것을 안다면, 정말로, 정말로, 정말로, 내가 원하는 것은 무엇인가?"

많은 사람들이 자신에게 이렇게 묻기를 두려워한다. 하지만 자기를 진심으로 사랑하고 싶다면 바로 이 질문을 자신에게 해야 한다. 마음속 깊은 곳으로 들어가서 자신의 진실을 다시 직면해야 한다. 욕망과의 숨바꼭질을 그만둬야 한다.

모든 사람들에게는 이 세상에서 다른 무엇보다도 원하는 게 있다. 하지만 대부분 그것을 정말로 '이루려고 할까 봐' 너무 겁이 나서 이를 인정하지 못한다. 대개 이를 인정하지 않기 때문에 계속 막막한 상태로 산다. 과체중으로 살고, 인생을 즐기지 못하고, 망가지고, 외롭게, 인생이 정지된 따분한 느낌을 받으면서 산다. 나는 이런 상태를 진짜 욕망과의 숨바꼭질이라고 부른다. 참 자아로부터 도망치는 것이다.

자기 자신과 남들에게 솔직해지면 정말로 원하는 것을 얻는다.
나에게 진정 필요한 것이 뭔지 알아내면 자기애 실험의 진정한 힘, 바로 자신의 욕구, 욕망, 그리고 자기가 원하는 것이 최고로 중요하다는 사실을 알게 된다.

4년이 넘는 시간 동안 나는 산산조각 난 마음으로 인한 고통을 과로와 과식으로 감췄고 그 결과 몸무게가 엄청나게 늘었다. 그래서 최고의 몸 상태로 돌아가면 자기애를 찾게 되리라고 생각했다. 실험을 한 지 한 달이 지난 뒤에도 체중이 약간 줄기만 했을 뿐 살은 많이 빠지지 않았다. 하지만 대부분의 사람들은 알아차리지 못했어도 내게는 진정한 변화가 일어났다. 몸무게는 별로 줄지 않았지만, 나를 무조건적으로 사랑했기에 넘칠 정도로 꽉 채워진 느낌이 들었다. 과체중인 데 대해서 죄책감을 느끼던 감정적 고통이 사라졌다. 거리낌 없이 그냥 '나'로 존재하면서 인생의 자연스러운 리듬에 찬사를 보냈다. 원하는 것을 먹는 데 더 이상 죄책감을 느끼지 않았다. 나를 잘 돌보고, 자주 기쁨을 '선택했다'.

하지만 여전히 가장 깊은 곳에 있는 욕망은 피하고 있는 게 현실이었다. 내가 원하는 것이 실제로는 중요하지 않은 척하면서 그 욕망에 대해 생각하는 것을 피했다.

2개월 차에 들어설 무렵 자기애는 결코 몸무게와 관련된 게 아니라는 것이 분명해졌다. 자기애는 진정한 욕망을 내 인생의 일부가 되도록 초대하는 것이었다. 다른 어떤 것보다도 원했던 것, 내가 인정하기를 두려워했던 것, 바로 이토록 독립적인 여성이 낭만적인 연애를 원한다는 사실을 마음속으로 인정함으로써 내 꿈을 내보이는 것이었다. 나는 소울 메이트를 찾고 싶었다.

구름이 갈라지고, 천사들이 노래하며, 심장에 번개가 치는 듯한 뜻밖의 폭로였다. 나에 대한 진정한 사랑을 느끼게 되자 마음속 깊은 곳에 있는 내 욕망이 비로소 빛날 수 있었다.

나는 일기장을 꺼내서 '나는 낭만적인 사랑을 원한다.'라고 썼다. 인정하는 게 무서웠다. 눈물이 났다. 사랑받거나 받아들여지는 기분을 느끼지 못하는 것과 관련된 모든 두려움이 밀려들었다. 하지만 내 욕망이 실제로 거기 있었다. 샤프펜으로 쓴 '나는 낭만적인 사랑을 원한다.'라는 큼직하고 굵은 글자들이 나를 뚫어져라 쳐다보고 있었다.

당신은 무엇을 원하는가? 종이에 그것을 적어라. 가장 깊은 곳에 있는 자신의 욕망을 공표하라. 옥상에 올라가서 그것을 외쳐라.

나는 _____을 원한다!

진정으로 원하는 것을 인정하지 못하면 진짜 필요한 것을 얻지 못하게 하는 장애물들이 나타난다.

내가 이렇게 하는 동안 내 몸의 신경섬유 하나하나가 날라지는 게 느껴졌고, 나를 설레게 하는 자각이 시작되었다. 무섭고 두렵고 불편한 감정이 들었다. 이는 정말로 원하는 것을 추구할 때 생기는 현상이다.

대부분의 사람들은 두렵기 때문에 그렇게 하지 않는다. 나는 지난 몇 년의 시간을 거쳐오는 동안 어마어마하게 몸무게가 늘었다. 남자로부터 나 자신을 떼어놓으려는 잠재의식의 노력이었다. 하지만 남자는 내가 가장 원하는 것이었고, 내 마음이 그 어떤 것보다도 갈망하는 것이었다.

가까운 친구들은 전부 다 결혼해서 아이가 있었다. 나 역시 결혼과 아이를 원한다는 내면의 바람을 쳐다보기가 두려웠다. 사실 겁이 났다. 나는 스스로를 그 공간에 가지 못하게 했다. 너무 고통스럽기 때문에 정말로 원하는 것을 전혀 통제할 수 없다는 사실을 인정할 수가 없었다.

인생을 함께 헤쳐 나갈 낭만적인 동반자를 찾는 것은 몽상처럼 느껴졌다. 자기애 실험을 하기 전에 나는 나를 믿지 않았다. 자기 자신조차 믿지 않거나 사랑하지 않는데 어떻게 사랑을 믿을 수 있겠는가? 그런데 나를 믿기 시작하자 지난 세월 동안 내가 줄기차게 도망쳤던 것으로 나의 의식이 돌아갔다.

자기애를 품고 살면 자신의 진실을 쉽게 드러낼 수 있다.

일단 내 욕망의 중심부에 다다르자 인생이 나에게 유리하게 돌아갔다. 나는 내가 진정으로 원하는 것을 인정했다. 여전히 무서웠지만 그것은 내게 순수한 해방감을 가져다주었다. 겉으로는 아무것도 바뀐 게 없었다. 하지만 내가 사랑을 원하고, 로맨스를 간절히 바란다는 것을 인정한 뒤로 내부에서 돌연 모든 게 달라졌다. 습관이 자연스럽게 바뀌었다. 더 이상 가공 식품에 기대지 않았다. 내 몸이 더 많은 움직임을 갈망했으므로 운동을 훨씬 더 많이 하게 됐다.

내면의 대화는 친절함에 전념하는 대화였다. 나는 사랑의 가능성에 마음을 열기 시작했다. 스스로 내가 원하고 갈망하는 것의 중심부로 갈 수 있게 한 덕분이었다.

대부분의 사람들은 거기까지 가지 않는다. 자기가 정말로 원하는 것을 스스로 인정하게 두지 않는다. 자기 자신을 그처럼 취약한 상태로 두는 게 무섭기 때문이다. 하지만 자기애의 핵심은 다음의 사실을 아는 것이다.

자신의 욕망은 인생 계획의 일부이다. 욕망으로부터 도망치는 것은 누구에게도 도움이 되지 않는다. 특히 자기 자신에게.

어떤 사람에게는 낭만적인 사랑을 원한다고 인정하는 것이 대수롭지 않게 느껴질 수도 있다. 하지만 나에게는 중요한 돌파구였다. 그것은 기적이었다. 마침내 자기 파괴적인 자아로부터 해방된 기분이었다. 내 인생에서 뭔가가 빠진 듯한 느낌, 길을 잘못 든 것 같은 기분이 더 이상 들지 않았다. 나 자신의 욕구에, 내가 원하는 것에 100퍼센트 솔직했기 때문이다. 내가 낭만적인 사랑을 원하고 정말로 간절히 바란다는 사실을 인정하자 삶에 대한 태도가 바뀌기 시작했다. 4년이 넘는 시간 동안 남자들 눈에 보이지 않는 존재마냥 살던 내가 연애의 가능성으로 흥분되는 감정을 느끼기 시작했다. 남자들이 데이트 신청을 하고 말을 걸고 추파를 던지기 시작했다. 전 남자친구들이 전화를 하거나 이메일을 보냈다.

겉으로 보면 이런 일은 갑작스럽게 보인다. 하지만 나는 세상에 우연은 없다고 믿는다. 모든 게 다 나 자신이 과거를 흘려보내고 진정한 사랑을 안으로 들일 준비가 됐다고 공표한 덕분에 일어난 일이었다.

나는 건강한 유기농 음식을 고르고, 배가 부를 때 내 몸이 하는 말을 귀담아듣고 싶은 거부할 수 없는 욕구를 느꼈다. 여행을 더 많이 다니고 더 명랑하게 세상 속에 섞여 놀기 시작했다. 나의 욕구는 건강한 방식으로 충족되었다. 그 모든 게 다 내 마음속 진실을 솔직하게 인정했기 때문이다.

가장 원하는 것을 인정하면 스스로 취약하고 노출된 상태가 될 것이다. 겁이 날 수 있다. 자신이 굉장한 가능성을 향해 활짝 열려 있다는 사실을 깨닫기 전까지는.

중요한 것은 대부분의 사람들은 오직 손에 넣을 수 있을 것 같은 일만 시도한다는 점이다. 안주하면서 자신의 참된 욕구와 바람을 외면하고 희생한다. 정말로 원하는 것을 얻을 수 있으리라고 생각하지 않는 것이다.

그저 손에 넣을 수 있을 것 같은 게 아니라 정말로 원하는 것을 시도할 수 있게 하라.

자기 자신에 대해서 인정하기가 두려웠던 것이 있는가. 정말로 원하는 마음속 소망은 무엇인가. 어쩌면 나처럼 연애하고 싶고, 사랑을 안으로 들이고 싶어 한다는 사실을 인정하기가 두려울지도 모른다. 반대로 사귀는 사람이 있지만 진심으로 홀로 있고 싶을 수도 있다. 정말 싫어하는 직장을 떠나거나, 예술이나 요리에 대한 열정을 좇기 위해 다른 나라로 유학을 가고 싶을 수도 있다. 내면 깊숙한 곳에 처박혀 있다가 지금 터져 나오고 있는 그 욕망들을 외면하지 말기를 바란다. 지기 자신이 충만한 기분을 느끼게 하는 순간, 이런 욕망들이 수면 위로 떠올라서 길을 알려줄 것이다.

가장 원하는 욕망이 대체로 가장 무섭다. 그 욕망이 뭐든 간에 전혀 자신이 통제할 수 없기 때문이다. 아마도 자신이 희생자가 된 것 같고, 인생의 가혹함에 내던져진 기분이 들 것이다. 그럴 땐 이런 생각이 든다.

"나를 내놓았는데 거절당하면 어떡하지?"

"잘 풀리지 않으면 어떡하지?"

"시도해봤는데 너무 싫으면 어떡하지? 다른 사람들이 싫어하면 어떡하지?"

"실제로는 내가 그럴 만한 자격이 없으면 어떡하지?"

"알아차리는 사람이 있기는 할까?"

"나는 나이가 너무 많아서/어려서 다시 시작할 수 없어."

알다시피 나는 살이 너무 많이 쪘기 때문에 나를 매력적이라고 생각할 남자가 이 세상에 단 한 명도 없을 거라고 확신했다. 하지만 몸무게는 문제가 아니었다. 몸무게가 문제라고 내가 초점을 맞춘 것, 그게 문제였다.

정말로 원하는 것이 있다면 문제에 초점을 맞추는 대신에 원하는 그것에 초점을 맞춰야 한다. 내가 정말로 원하는 것이 낭만적인 인생의 동반자라는 사실을 스스로 인정하고 나자 내 몸 안에서 살아 있음을 더 많이 느끼게 되었고, 스트레스와 불안, 고통이 사라졌다. 순수한 진짜 진실만 남았다.

나는 나에게 딱 맞는 사람이 나를 사랑하리라는 것을 알았다. 이상적인 모습에 나를 맞추거나 나를 바꿀 필요가 없었다. 자기애 실험을 한 덕분에 원래 모습의 '나'가 되었기 때문이다. 이런 성과는 내가 더 많은 목표를 달성하거나, 새로운 차원의 성공을 거두거나, 인생에서 더 많은 사랑을 발견했다고 해서 일어나지 않았다. 그런 일들이 실제로 일어나긴 했지만 그것은 나 자신에게 진실한 데서 나온 부산물이었다.

자기애 실험은 오히려 내가 되고 싶었던 내 모습을 놓아버리는 데서 시작됐다. 자기애는 자기 자신에게 진실하고 솔직한 것이다. 자신에게 솔직하기 위해 자기애 실험을 안내해줄 다음의 질문들을 이용해보자.

1. 내가 항상 원하지만 시도하기를 두려워한 것은 무엇인가?

2. 내가 가장 살아 있고 즐거운 기분이 드는 때는 언제인가?

   그때 나는 무엇을 하고 있고, 누구와 함께 있는가?

3. 만약 시간이나 돈, 능력이 성공 요인이 아니고, 내가 성공하리라는 것을

   안다면, 나는 무엇을 추구할 것인가?

2 나를 둘러싼 환경 바꾸기

자기애 실험 2개월 차

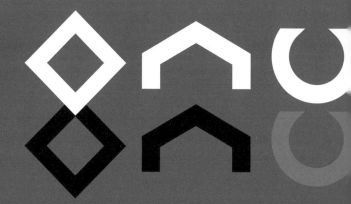

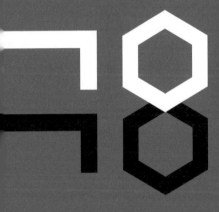

기간 : 총 1개월

목표 : 환경 다이어트

나는 원하는 곳에 있는가

내가 두려움을 무릅쓰고 내 마음속 소망을 인정했을 때, 나는 원하는 삶으로 급속도로 진입하는 느낌을 받았다.

우선 자기 돌봄과 나 자신에 대한 연민을 실천했더니 나를 더욱 신뢰할 수 있게 되었다. 대부분의 사람들이 스스로 불행하다고 느끼는 결정적인 이유는 자기 신뢰가 부족하기 때문이다. 사람들은 자기를 믿지 않는다. 인생도 믿지 않는다. 하지만 스스로 돌보고, 자기 자신에게 친절해지면 자기 신뢰는 저절로 생긴다. 자기를 신뢰하는 것은 말 그대로 자신을 믿는 것인데, 이는 자기의 존재가 중요하다는 사실을 아는 것이다. 꿈과 욕망은 일정 부분 자기 신뢰의 영역에 있다. 자기애 실험에 대해서 많은 부분을 탐구하고, 나를 더 내보이고 스스로 돌보기 시작하면서 나는 내 꿈에 대해서도 더 진실해졌고, 그것이 실현되기를 바라게 되었다.

내기 나를 사랑할수록 내 꿈에 응답하기가 더 쉬워졌다.

광고회사를 그만둘 때 나는 내가 원하는 방식으로 살면서 능력을 인정받고 꿈을 실현하고 싶었다. 나는 1년에 여섯 달은 해외에 체류하면서 일하기를 바랐다. 지역에 구애받지 않는 사업, 세계 어디서든 일하고 놀 수 있는 사업을 원했다. 그러나 현실은 전혀 달랐다. 나는 회사를 그만두고도 몇 년 동안 한 발짝도 움직이지 못하고 있었다. 해외는커녕 일상에 갇혀서 멍한 상태로 지루한 나날을 흘려보냈다.

그런데 자기애 실험을 시작한 후 스스로에 대한 신뢰가 생기자 꿈에 대해서도 새로운 전망을 갖게 되었다. 자기를 신뢰하게 되면 스스로가 중요한 사람이라는 느낌을 갖게 된다. 그런 자각 속에서 스스로를 행복하게 만드는 인생을 살 수 있다는 느낌이 차올랐고, 오랫동안 바라기만 하고 실천하기를 두려워하던 꿈을 실현하고 싶다는 마음이 생겼다.

그러는 중에도 마음에 그림자가 드리우는 날들도 있었다. 나 자신을 더 믿고 사랑하게 되었지만 여전히 걱정스러운 것이 있었다.

'이 상태가 과연 얼마나 지속될까? 내가 나를 사랑하는 모습을 보고 사람들이 질투하거나 으스댄다고 생각하진 않을까?'

놀랍게도 이런 일은 우리 마음속에서 흔하게 일어난다. 우리의 에고는 우리가 어떤 일에 진전을 보일 때마다 이런 식으로 우리를 끌어내리려고 한다. 그 생각을 따라 들어가면 그것이 자신의 성공을 두려워하는 에고의 목소리일 뿐이라는 사실을 알게 된다. 이 내면의 비평가가 하는 말에 귀를 기울여야 할까? 나는 그러는 대신에 내면의 애정 어린 목소리, 사랑을 받아들였다. 사랑을 선택하자 내면의 목소리가 나를 격려해주었다. 그 목소리는 내가 나 자신과 관련해서 굉장한 일을 해냈다고, 그것은 진정한 치유와 성장에 대한 보상이라고 말해주었다.

다른 사람들이 나를 어떻게 보는지, 그리고 내가 남들을 어떻게 의식하고 있는지는 내가 통제할 수 없는 영역이다. 하지만 그럼에도 우리에겐 행복할 의무, 매일 꿈을 실천할 의무가 있다. 자기 신뢰는 외부의 압력을 털어내고 자기 자신을 스스로 빛나게 하는 종류의 것이다.

그러니까 결론은 우리가 그토록 많은 행복을 누릴 자격이 있다는 말이다. 스스로 이 사실을 자연스럽게 받아들일 수 있게 되는 것이 자기애의 궁극적인 목표이다. 자기애를 실험하는 과정에서 행복과 기쁨을 느낄 때 자기 자신을 안아주면서 이렇게 말하라.

"좋은 상태에 들어온 걸 환영해. 이건 힘들었던 그간의 노력에 대한 보상이야."

스스로 자신의 아름다움을 누려라.

자기애 실험을 시작한 지 1개월쯤 지났을 때 나는 실험의 초점을 미세하게 조정해야겠다는 느낌을 받았다. 첫 달에는 자기애가 무엇인지를 경험하기 위해 내 몸에 애정을 쏟고 나 자신을 돌보는 데 집중했다.

내 몸과 연결되는 기분을 느끼고 나서는 몸의 차원에서 좀 더 확장된 연결감을 느끼고 싶었다. 그래서 나를 둘러싼 환경으로 주의를 돌리기 시작했다. 단지 물리적인 환경만을 의미하는 것은 아니다. 환경은 내가 거주하고 있는 집을 비롯해서 내 영혼이 거주하는 집인 몸까지 두루 포함하는 의미였다.

당시에 나는 내가 속한 환경에서 그다지 좋은 기분을 느끼지 못하고 있었다. 그래서 환경을 변화시켜보기로 했다. 앞에서 언급했듯이 내 꿈은 장기간 해외에 머물면서 일하는 것이었다. 그동안 일상에 파묻혀 있었기 때문에 그 꿈은 요원해 보였다. 꿈을 이루려면 먼저 나를 믿고 꿈을 믿어야 했다.

꿈을 실천하려면 용기가 필요하다. 그리고 용기는 행동을 통해서 얻어진다. 자신을 믿을수록 행동하기가 더 쉬워진다. 나는 그동안 생각만으로 그쳤던 일들을 행동으로 옮기기 시작했다. 꼭 한번 가보고 싶었던 행선지를 정하고 숙소를 예약한 다음 비행기를 탔다. 일상에 파묻혀 있을 때는 불가능한 일처럼 느껴졌지만 막상 시도하자 그리 어려운 일도 아니었다. 해외에 살면서 글을 썼던 6개월 동안 나는 나 자신과 깊은 연결감을 느꼈다.

이 경험은 내면의 믿음 근육을 키우는 데 정말 많은 도움이 됐다. 나는 더욱 자각하게 되었고, 내 몸과 욕망이 하는 얘기를 더욱 주의 깊게 듣게 되었다. 나를 훨씬 더 잘 돌보게 된 것은 환경을 바꿨을 뿐만 아니라 나를 믿었기 때문이다.

영감을 실천하거나 욕망에 따른 행동을 취할 때 마음이 하는 말에 귀를 기울여도 괜찮다는 메시지를 스스로에게 보내는 것이 도움이 된다. 용기를 내야 할 때는 내면의 안내자와 강력한 관계를 맺는 것이 중요하다. 내면의 안내자는 당신의 친구이며, 기쁨을 더 많이 가져다주는 방향을 알려주려고 애쓰고 있다. 이런 안내를 신뢰한다면 더 많은 가능성과 기쁨을 향해 활짝 열린 인생을 보게 될 것이다.

또한 외국에 처음 나가서 일했던 경험은 물리적 공간의 힘과 사는 곳에서 기쁨을 느끼는 게 얼마나 중요한지 일깨워주었다. 현재 자신이 사는 환경이 자신을 정신적으로 고양시키고 영감을 주는 곳인지 살펴봐야 한다. 이것이 자기애의 매우 중대한 부분이기 때문이다.

《기적 수업A Course in Miracles》[9]을 보면 외부 세계가 내면 상태의 반영이라는 내용이 나온다. 우리가 내면에서 생각하는 것이 외부로 드러난다는 의미다. 그러니 우리에게 드러난 외부 환경을 개선하는 것은 내면 상태를 정리하는 것과 연관되어 있다.

나 자신과 친밀해진 다음 나는 나를 둘러싼 환경을 살펴보았다. 내 환경의 모든 영역을 둘러보면서 내 내면이 어떤 방식으로 투사되고 있는지 들여다보았다. 그리고 환경을 개선하는 첫 번째 단계로 옷장을 깨끗이 정리했다.

그다음엔 부엌과 사무실, 자동차를 점검했다. 당시 내가 타

---

9 헬렌 슈크만Helen Schucman이 받아 적은 《기적수업A Course in Miracles》, The Foundation for Inner Peace, www.acim.org.

고 다니던 지프는 회사를 그만둔 기념으로 나에게 준 선물이었다. 하지만 그 차는 이미 개털이 날리고, 오래된 주스 병과 잡지가 굴러다니는 더러운 차가 되어 있었다. 당시 내 차는 내 몸 상태와 비슷했다. 내 몸은 수년간 지방과 설탕이 차곡차곡 쌓인 탄수화물 덩어리였다. 내 내부 장기들은 건강하고 깨끗한 음식을 갈망하고 있었다.

내가 느끼는 정체감이 물리적 세계의 어수선함과 연관되었을 수 있다는 생각이 들자 나는 곧바로 지프차를 청소했다. 그러고 나자 신기하게도 며칠 만에 몸무게가 몇 킬로그램 빠졌고, 새로운 코칭 고객도 세 명이나 생겼다. 게다가 내가 쓴 기사 가운데 하나가 9개월 동안 눈독을 들였던 매체인 〈엔터프러너Entrepreneur〉지에 실리게 되었다. 이 일들은 무작위로 일어난 우연의 일치가 아니었다. 모두가 연결되어 있기 때문이다. 나는 물리적 공간을 바꾸고 자동차를 청소함으로써 나의 에너지를 깨끗하게 정화했다. 그러자 그 에너지가 더 많은 기회를 끌어들이면서 내 인생에 영향을 미친 것이다.

이처럼 자기애 실험의 두 번째 단계는 물리적 환경을 살펴보는 것이다. 자신을 둘러싼 환경이 탁 트이고 즐거운 느낌이 드는가, 아니면 지저분하고 어수선한가.

다정한 분위기를 풍기는 쾌적한 환경을 조성하는 것은 자기애 실험의 중요한 과제다. 자신을 더 깊이 사랑하고 싶다면 더 이상 필요하지 않은 과거의 물건들처럼 이제는 자신에게 도움이 되지 않는 부정적인 물건들을 전부 없애야 한다. 그리고 자신에게 기쁨을 가져다주는 물건들로 그 공간을 채움으로써 새로운 기운을 불러들여야 한다.

자동차처럼 이동 목적으로 사용하는 물리적 공간이라면 우선 깨끗이 치우기를 권한다. 그렇게 하면 당신이 순탄한 인생 여행을 하고 싶어 한다는 메시지가 외부세계에 효과적으로 전달될 것이고, 머지않아 응답을 받을 것이다.

사랑이 담긴 기분 좋은 물건을 사면 우리의 기분이 그 물건들에까지 확장된다. 반대로 기쁨을 가져다주지 못하는 물건을 사면 수치심과 후회의 패턴이 반복된다. 그러니 자신에게 호의를 베풀고, 오직 즐거운 상태일 때만 돈을 써라. 그렇게 해야 자기를 행복하게 하는 물건을 구입할 수 있다.

자기애 실험 2개월 차에 들어섰을 때 나 또한 나를 둘러싼 환경, 내가 살고 있는 물리적 공간을 평온과 기쁨을 주는 공간으로 조성하는 데 상당한 시간을 들였다. 오리건 주 포틀랜드에 있는 나의 본거지를 여행하면서 모은 질 좋은 물건들로 꾸

몄다. 실내 공기식물과 다육식물처럼 사소하고 단순한 물건들을 들임으로써 환경을 깨끗하게 만들었다.

언뜻 보기엔 사소해 보이는 이런 조치들은 모두 내면의 안내자가 영감을 준 것들이다. 나는 나에게 온 영감에 귀를 기울일 수 있도록 내 느낌을 신뢰했다. 모든 영감, 직감, 머릿속에 갑자기 떠오르는 욕망은 우리의 인생 계획의 일부분을 반영한다. 우리는 항상 상위 자아의 안내를 받고 있다. 그리고 이런 종류의 안내는 무엇이 우리에게 진정한 기쁨과 행복을 가져다주는지에 대한 통찰력을 준다. 우리가 할 일은 그저 이러한 안내를 믿고 그것을 귀담아듣는 것뿐이다. 귀를 기울일수록 내면에 대한 믿음과 신뢰는 더욱 강해질 것이다.

자기애 실험을 통해 내면의 목소리를 믿게 되면서 나는 나 자신의 기준을 높이라는 요청을 받았다. 그래서 그 요청에 응할 수 있었다. 당신도 내면의 목소리에 귀를 기울이면 자신의 기준을 높이라는 초대를 받을 수 있을 것이다.

자기 자신을 사랑하면 꿈을 이루기가 더 쉽다.

일상의 시간을
어디에 쓰고 있는가

자기를 신뢰할 수 있게 되면 그다음 단계는 자기를 수용하는 것이다. 자기 수용은 자기 자신을 있는 그대로 존재할 수 있게 하는 것을 말한다. 현재의 자기 상태에서 달아나고, 바꾸고, 고치려고 애쓰는 대신 있는 그대로 항복하는 것이다.

자기 수용은 기쁨이다.
나의 외할머니 로즈메리 루스낵은 늘 비만이었다. 인생의 대부분을 68킬로그램 정도 과체중으로 살았다. 내 기억 속 외할머니는 언제나 '푸근한 할머니'였다. 그런데도 나는 어릴 때 할머니를 비판하거나 할머니가 잘못됐다는 생각을 한 적이 한 번도 없었다. 그저 할머니를 사랑했다. 성인이 되고 체중이 더 늘기 시작하던 어느 날, 나는 할머니에게 물었다.

"할머니, 평생 과체중으로 살아야 한다면 어떤 점에 주의해야 해요?"

그러자 할머니는 아주 분명하게 말했다.

"섀넌, 부정적인 생각으로 시간을 낭비하지 말거라."

할머니 말씀은 자기 자신을 채찍질하거나 자신의 약점에 대해 악감정을 느끼면서 보내기엔 인생이 너무 짧다는 거였다. 할머니는 친구들과 가족들이 할머니와 나누는 부드럽고 폭신폭신한 포옹을 세상에서 가장 좋아한다는 것을 잘 알았다. 사람들이 자신과 함께 있는 것을 무척 즐거워하는 게 뚱뚱한 몸의 긍정적인 측면이라고 할머니는 말했다. 하지만 우리 사회와 문화가 변하라고 지나치에 압박을 주는 것 같다는 말도 잊지 않았다.

외할머니가 그랬듯이 뚱뚱한 것을 문제로 삼지 않으면 더 이상 그것은 문제가 아니게 된다. 변화를 위한 선택이 외부에서 오는 건 좋지 않다. 변화는 먼저 마음속에서 시작되어야 한다. 할머니는 이렇게 말했다.

"섀넌, 자기 자신을 사랑하는 것은 겉모습이나 신체 사이즈와는 아무런 관련이 없단다. 네가 어떻게 사느냐가 중요해."

할머니는 자기 수용이 무엇을 하는지 혹은 무엇을 하지 않는지에 달려 있는 것이 아니라 자신을 있는 그대로 존재할 수 있게 하는 것이라고 가르쳐주었다. 자기애는 많은 층으로 이루어져 있다. 단순히 외부에서 겉으로만 자기애에 접근하면 결코 바라는 결과를 얻지 못한다. 내 경우에는 환경을 바꾸고 난 다음에 일상의 시간을 어디에 쓰고 있는가도 살펴봐야 했다. 나는 저녁 시간 대부분을 넷플릭스 방송을 시청하거나 페이스북을 훑어보는 데 썼다. 이는 전혀 생산적이지 않은 일이었다. 그래서 이 부분도 개선하기로 했다. 시간은 우리가 보유한 통화 형태 가운데 가장 중요하다. 자신을 소중히 여기고 아낄 때 자기 시간을 현명하게 쓸 수 있게 된다. 나는 나를 둘러싼 공간적 환경뿐 아니라 시간적 환경도 변화시키고 싶었다.

우선 자기애 실험의 일환으로 내가 하고 싶고 배우고 싶은 것이 무엇인지 모조리 적은 목록을 만들었다. 읽고 싶은 책과 쓰고 싶은 기사 주제에 관한 목록도 만들었다. 아무 생각 없이 텔레비전 앞에서 지루한 재방송이나 보면서 군것질을 하는 대신에 인도에서 산 새 머그컵에 차를 따라 마시고, 온라인 강좌를 듣고, 새 책을 읽었다. 이런 행동들이 내 영혼을 설렘으로 가득 채웠고, 기운을 북돋아주었다.

나는 늘 배움을 가치 있게 여겼다. 자기애 실험은 새로운 교육 기회와 세미나를 찾아내는 데도 도움이 되었다. 항상 듣고 싶었던 도린 버추Doreen Virtue의 강좌 중에서 '천사 카드 리딩' 수업에 등록했고 '공인 천사 카드 리더'가 되었다. 나의 멘토이자 친구인 개브리엘 번스틴Gabrielle Bernstein이 진행하는 디지털 '스피릿 정키 마스터클래스Spirit Junkie Masterclass'도 들었다. 이 수업을 통해 나는 자격증을 하나 더 땄다. 효과적인 치유 실천법인 레이키Reiki를 발견하기도 했다. 내면의 안내자는 새로운 치유 기법과 정신 수양 강좌로 나를 이끌었다. 내 욕망과 늘 배우고 싶었던 것들을 외부로 드러내 보일수록 내가 받아들여진다는 기분을 더 많이 느끼게 되었다.

자기애 실험은 나를 더 완전하게 내보일 수 있게 해주었고, 의식을 확대하는 프로그램에 투자할 수 있게 해주었다. 그리고 그런 프로그램들이 나를 새로운 기회로 이끌었고, 내가 시작하는 사업에도 도움이 되었다.

사랑하는 일을 하는 시간을 맨 앞으로 당겨라

시간이라는 자원을 자신이 좋아하는 것들로 채우는 것은 자기애를 높이는 데 도움이 된다. 그런데 내가 진행하는 코칭 수업과 현장 워크숍에 참가한 사람들은 종종 이렇게 묻는다.

"힘든 하루를 보내고 지칠 대로 지친 상태에서 좋아하는 일을 할 시간을 어떻게 낼 수 있죠?"

이 세상에는 자기가 하는 일을 사랑하지 않는 사람이 생각보다 많다. 그리고 사랑하지 않는 일을 하면 몸과 마음이 고갈되므로 실제로 더 많은 에너지와 시간이 들 수밖에 없다. 그렇게 스스로를 소진하면 원하는 것을 할 에너지가 남지 않게 된다. 그러니 우리가 해야 할 일은 제일 먼저 자기가 원하는 것에 집중하고 자신의 에너지가 어떻게 흘러가는지 지켜보는 것이다.

내 고객 중 하나가 딱 이런 케이스였다. 그녀는 자기 본업을 좋아하지 않았다. 작가가 되고 싶었지만 하루가 끝나갈 즈음엔 기운이 다 빠졌다. 나는 그녀에게 일주일 동안 아침에 일어나면 제일 먼저 글을 쓰는 것부터 시작하라고 권했다. 그리고 이 작은 변화가 그녀의 모든 것을 바꿨다. 자신에게 기쁨을 가져다주는 활동을 하기 위해 매일 제일 먼저 시간을 떼놓은 덕분에 그녀는 인생의 다른 영역에서도 더 많은 기쁨을 느끼기 시작했다.

일주일이 지난 뒤에 그 고객은 상당 분량의 글을 마무리 지을 수 있었다고 말했다. 그리고 자신이 좋아하는 일에 시간을 쏟게 되자 온종일 기운이 넘쳤고, 퇴근하고 집에 돌아와서도 글을 쓰게 되었다고 했다. 그녀는 그런 식으로 계속해서 글쓰기를 실천했고, 마침내 책을 내줄 에이전트까지 찾아냈다. 기적 같은 일이었다. 그리고 그 기적은 자신이 가장 하고 싶은 것, 열정을 맨 앞에 둔 덕분에 찾아온 것이었다.

마음이 가지 않는 일을 열심히 하는 것은 스트레스만 부를 뿐이다. 사랑하는 일을 열심히 하는 것을 우리는 열정이라고 부른다.[10]

− 사이먼 사이넥Simon Sinek

---

10 Simon Sinek, Start with Why: How Great Leaders Inspire Everyone to Take Action, New York: Portfolio, 2011.

당신에게도 미뤄둔 열정이 있을 수 있다. 그 열정을 맨 앞에 둘 때 에너지와 시간이 어떤 식으로 늘어나는지 지켜보는 것은 흥미로운 일이다. 우리가 시도하고 있는 자기애 실험이 하나의 실험이라는 사실을 명심해야 한다. 결과는 여정 자체보다 덜 중요하다. 자기애 실험은 우리의 인생이 목표를 가지고 다시 궤도 위에 올라가도록 도와줄 수 있다. 결국 자기 자신을 내보인다는 것은 자기라는 세상을 내보이는 것이기 때문이다. 더 많이 내보일수록 눈에 띄고 인정받는 기분을 더 느끼게 된다. 그러니 모든 것은 다시 자기 수용으로 귀결된다. 자기 수용은 자기애를 위한 튼튼한 토대가 된다.

평소에 나는 코칭 고객들에게 이 질문을 자주 한다.
"자신이 최고의 자아처럼 느껴지는 때는 언제인가요?"
그런데 정작 나에게는 이 질문을 한 번도 해본 적이 없다는 사실을 깨달았다. 이 질문을 내게 했을 때 나는 여행을 하고, 글을 쓰고, 자연 속에 있고, 훌륭한 음식을 먹을 때 내가 최고로 행복하다는 사실을 알고 흥분했다. 왜냐하면 그것은 음식을 먹거나 여행을 즐기는 것처럼 내가 사랑하는 일을 하는 것을 부정했던 예전의 내 행동이 나의 진실한 태도와 위배된다는 것을 알려주었기 때문이다.

나는 습관과 결과 사이의 모순을 알아차렸다. 예전에 내 관심의 상당 부분을 차지한 것은 살을 빼는 것과 관련되었다. 너무나도 살을 빼고 싶었다. 행복과 자기애가 체중계의 특정한 숫자에 매여 있는 것 같았다. 그런데 자기애 실험에 뛰어들면서부터는 나의 주된 초점이 즐거움에 맞춰졌다. 예술, 더 많은 글쓰기, 양질의 음식, 자연, 여행, 풍요로운 대화 속에 깃든 즐거움. 이런 것들이 주는 진정으로 인생을 보듬어 안는 경험이 다른 모든 것보다 우선되었다. 나는 스스로 즐거움을 부정하는 것을 멈췄다.

이런 과정을 통해 내 인생의 우선순위를 재배치하기 시작했을 때 즐거움이 모든 것의 기준이 되었다. 나는 나에게 전념했고, 나에게 기쁨을 가져다주는 활동을 했다. 문화 행사와 미술 전시회에 더 많이 참석하고, 여행을 더 많이 다니고, 마감일을 맞추려고 애쓰거나 특정 결론을 내리려고 글을 쓰는 대신 그냥 나를 위해서 재미있는 글을 더 많이 썼다.

기쁨은 아주 사소한 순간, 즐거움을 추구하는 노력 안에서 발견되었다. 이를 통해 나를 더 완전하게 받아들일 수 있었고, 그 결과 자기 인식을 더 많이 하게 되었다. 여러 층으로 이뤄진 자기애를 하나의 실험으로 접근하면 인생의 참된 기쁨을 더 많이 발견할 수 있게 된다.

즐거움은 사랑의 핵심 부분이다. 낭만적인 연애와 마찬가지로 즐거움은 자기 자신과 사랑에 빠지는 것의 한 부분이다. 즐거움의 과정 안에 스스로 존재할 수 있다면 죄책감 없이 자신의 열정을 누릴 수 있다. 즐거움을 더 많이 찾아낼수록 더욱 더 기쁨을 느낄 것이고, 그러한 기쁨 안에서 스스로가 받아들여졌다는 기분을 느끼게 될 것이다. 결국 자신이 중요하다는 사실을 이해하게 될 것이다.

내가 자기애에 이른 방법 중의 하나는 타고난 나의 성향을 존중하고 마음으로부터 느껴지는 영감을 따르는 것이었다. 어떤 날은 체육관에 가거나 샐러드를 먹어야 한다는 압박감을 느끼기도 했고, 정말이지 팝콘이나 감자 칩을 먹으며 편히 쉬면서 긴장을 풀고 싶은 날도 있었다. 나는 자신을 사랑하기 위해서 남이 좋다는 방식으로 나를 억압하지 않고, 내 마음이 원하는 방식들을 따랐다.

페이스북에 돌아다니는 인기 있는 밈meme이 하나 있다.

"어떤 날에는 샐러드를 먹고 체육관에 간다. 또 어떤 날에는 컵케이크를 먹고 팬티를 입지 않는다. 이런 걸 두고 균형이라고 한다."

자기 자신이 하고 싶은 대로 사는 순간들이 바로 균형이라
는 사실을 인식하는 것이 핵심이다. 나는 세상 사람들이 나쁘
다고 말하는 음식을 먹는 데 대해 죄책감을 느끼는 것을 멈췄
다. 나의 자연스러운 욕구를 살펴보기 시작했고 그 욕구에 순
응했다. 그러자 고급 컵케이크를 하나 사서 두세 입 먹는 것만
으로도 만족감을 느꼈다. 전에는 수치심을 느끼면서 눈 깜짝
할 사이에 컵케이크 하나를 해치우곤 했었는데 말이다.

일단 먹는 것에 엮인 죄책감과 수치심을 없애자 자연스럽
게 음식을 덜 갈망하게 되었다. 자신의 욕망에 초점을 맞출수
록 죄책감을 덜 느끼게 된다는 사실을 여러분이 이해했으리
라 믿는다. 자기 자신을 신뢰할수록 자기 자신을 받아들이기
가 더 수월해진다. 자신의 타고난 경향을 존중할 수 있을 때
진짜 본모습으로 존재할 수 있다. 우리는 자신의 진실을 존중
하고 참 자아를 존중함으로써 더 완전하게 자신을 내보일 수
있다.

어느 날 저녁 친구들과 외출했을 때 나는 나의 오랜 강박증
세 하나를 알아차렸다. 친구들과 즐거운 한때를 보내는 대신

나는 미친 듯이 칼로리를 계산하고 있었다. 과식에 대한 걱정으로 도무지 대화에 집중할 수가 없었다.

저녁 식사 후 나는 죄책감과 수치심을 느끼면서 사리에서 일어났다. 예상 칼로리를 점검해본 뒤에 몹시 화가 나서 집에 돌아오는 길에 아이스크림을 샀다.

'더 먹는 게 낫겠어. 이미 글러먹었으니까.'

나는 그렇게 생각했다.

내 첫 책 《행복 찾기Find Your Happy》에서 나는 걱정이 두려움의 못생긴 사촌이라고 표현했다. 걱정은 자신에게 도움이 되는 감정으로 위장한 두려움의 한 형태다. 걱정을 하면 결과를 통제하는 것처럼 느껴진다. 하지만 이는 에고가 교묘하게 우리를 이용하는 것뿐이다. 자기애에 이르려면 자신을 걱정과 두려움으로부터 해방시켜야 한다.

내 코칭 고객 중에도 대부분의 시간을 걱정으로 보내는 고객이 하나 있었다. 그 여성은 이직을 생각하고 있었지만 결과를 겁냈다. 정말 사랑하는 일을 하면서 생계를 꾸릴 수 있을지 자신 없어했다. 코칭 시간 내내 걱정과 두려움에 사로잡혀 있느라 그녀는 발전적인 생각을 거의 할 수 없을 지경이었다.

우리 뇌는 충족되지 못한 기대로 고통받을 때 그 고통을 덜 수 있는 기제를 작동시키는데, 그중 하나가 걱정이다. 걱정을 하기 시작하면 뇌는 즉각적인 만족감을 얻고 싶어 하기 때문에 자신을 달래줄 수 있는 것에 쉽게 손을 뻗는다. 자기가 통제할 수 없는 것을 걱정하면서 정신을 멍하게 만드는 습관에 빠지는 것이다. 내 경우에는 음식이, 내 코칭 고객에게는 걱정과 불평이 그런 것이었다.

나는 고객에게 이렇게 물었다.

"만약에 상황이나 결과에 대해서 강박적으로 걱정하지 않는다면 뭘 하면서 시간을 보낼 것 같아요?"

그러자 그녀는 숨이 턱 막힌 것 같은 표정을 지었다. 이제까지 그런 인생을 살아본 적이 없었기 때문이다. 그녀는 사는 내내 걱정에 사로잡혀 있었다. 그래서 우리는 내면을 좀 더 깊이 탐구했고, 그녀의 걱정이 자신의 가장 깊숙한 곳에 있는 두려움을 은폐하고 있다는 사실을 알게 되었다.

'새로 시작하는 경력에서 실패하고 성공하지 못하면 어쩌지?'

이것이 그녀가 맞서기를 겁낸 두려움이었다. 하지만 일단 자신의 두려움을 직면하면 걱정이 줄어들기 시작한다. 그리고 막연하게 걱정하는 것을 그만두고 새로운 경력에 도움이 될 만한 행동을 더 많이 하도록 스스로를 독려할 수 있다.

이처럼 사람들은 부지불식간에 걱정을 한다. 걱정이 우리 인생의 모든 국면에 슬그머니 스며든다는 사실을 기억해야 한다. 상황이 잘 돌아가고 있는 것처럼 느껴지나가도 예상치 못한 변화나 새로운 상황이 벌어지면 갑자기 걱정이 끼어든다. 그러니 걱정과 두려움으로부터 달아나려 하기보다는 걱정의 존재를 제때 알아차리는 것이 중요하다. 그렇지 않으면 걱정에 잠식당하고 만다.

걱정은 두려움의 한 형태이고, 두려움은 사랑이 있는 곳에는 존재할 수 없다. 따라서 두려움을 물리치는 가장 좋은 방법은 자기 자신, 그리고 자기 인생과 사랑에 빠지는 것이다. 그러면 두려움은 힘을 쓸 수가 없게 된다.

고등학생 시절 나는 원하는 대학에 들어갈 만큼 만족스러운 성적을 받지 못할까 봐 걱정했다. 대학에 들어가고 나서는 '프레시맨 피프틴freshman fifteen(미국에서 대학에 입학한 신입생들이 입학 첫 해에 체중이 15파운드(약 7킬로그램) 느는 것_옮긴이)'이 되지 않을 정도로 운동을 하고 있는지 걱정했다. 그러고 나서는 원하는 직장을 얻기에 충분할 정도로 열심히 노력하고 있는지 걱정했고, 대학을 졸업한 다음에는 업계에서 인정받을 수 있을지 걱정했다.

첫 직장이었던 광고업계는 사람의 진을 빼놓는 곳이었기에 내 걱정의 우선순위가 바뀌었다. 나는 내 삶의 목적이 무엇인지, 삶에서 막막한 기분이 드는 이유가 무엇인지를 알아내는 데 집착했다. 방향을 상실하고 행복하지 못한 기분이 드는 이유를 걱정했다.

사실 나 또한 걱정을 하는 것이 숨 쉬기만큼이나 익숙하고 편안했다. 내가 완전히 바닥을 치기 전까지 나는 걱정 속에 살았다. 2009년에 주치의가 내게 임상 우울증 진단을 내렸을 때 나는 정신이 번쩍 들었다. 만성적인 걱정과 근심이 내게 우울증과 불안을 선사했다. 그때 내게는 두 가지 선택지가 있었다. 계속해서 걱정을 하면서 자기 파괴, 자기혐오, 고통이라는 길을 따라갈 수도 있었고, 더 이상 그런 걱정에 먹이를 주지 않을 수도 있었다.

나는 후자를 선택했고, 그러자 내 인생은 완전히 바뀌었다. 나는 걱정을 믿음으로 바꾸기 시작했다. 걱정에 내 소중한 에너지를 쓰는 대신 나의 잠재력과 내면의 안내, 통찰력에 기댔다. 그리고 회사를 그만두고 글을 더 많이 쓰라고 영감을 준 내면의 작은 목소리를 믿기 시작했다. 그 작은 목소리는 내게 블로그를 시작하고, 여행을 더 많이 다니라고 말했다. 내면의 목소리를 외면하지 않은 덕분에 나는 자유로워졌고, 두려움 대신 사랑을 반복해서 선택하는 것으로 자기애를 찾았다.

나는 이제 몸무게를 걱정하시 않는나. 내 체중은 서서히 줄어들고 있다. 나는 돈 걱정을 하지 않는다. 돈은 은행에 있다. 나는 내일을 걱정하지 않는다. 중요한 건 오늘이기 때문이다. 걱정하는 데도 상당한 에너지가 든다. 걱정이 없는 상태는 내가 내 꿈에 더욱 집중할 수 있도록 도와주었다. 이제 나는 걱정하는 데 에너지를 쏟는 대신 나 자신을 드러내 보이는 데 집중한다. 내가 원하지 않는 것을 하는 대신에 내가 원하는 것에 대해 생각한다. 그렇게 하면 내가 원하는 상황들이 훨씬 더 빨리 오고, 고군분투하는 일이 줄어든다.

여정 자체가
보상이다

문제가 있으면 안 된다는 생각 자체가 인생의 가장 큰 문제라고 한다. 모든 문제들은 우리가 성장하도록 돕는다. 자기애 실험을 하는 동안 나는 새로운 문구, 바로 '내 문제는 나의 선물이다.'라는 문장을 새겼다.

모든 문제들은 선물이다. 우리가 성장하도록 돕기 때문이다.

나는 섹시하다는 말을 자주 쓰는 사람이 아니다. 설사 진짜 그렇다고 해도 말이다. 고군분투한다는 생각을 즐기는 사람도 아니다. 그런데 자기애 실험을 하는 동안 고군분투한다는 감정이 정말로 섹시할 수 있다고 생각했다.

자기애 실험을 하기 전에 나는 늘 고군분투하는 사람이었다. 내 책을 홍보하는 데 고군분투했고, 다음에 낼 책을 쓰는 데 고군분투했다. 내 코칭 비용과 고군분투했고, 내 몸무게와 재정 상태, 내가 키우는 개가 늙어가는 것과 내가 싱글인 것에도 고군분투했다.

투쟁은 내가 살아가는 방식이었다. 행복해지는 법에 관한 글을 쓰는 사람이니 내가 투쟁에서 항상 승리했으리라고 여길지도 모른다. 하지만 그렇지 않았다. 그저 투쟁은 자기애 실험을 하기 전에 내가 기댈 수 있었던 유일한 생존 방식이었을 뿐이다.

그리고 어느 순간 문득 이런 생각이 들었다. 내가 겪은 모든 긴장과 불안이 신성한 삶을 경험할 수 있는 기회였다는 것. 어쩌면 나의 투쟁은 우주가 내게 말을 거는 방식인지도 몰랐다.

"이봐요, 숙녀 분, 너무 힘들게 애쓰지 말라고. 인생을 살아가는 더 나은 방법이 있어. 자신의 투쟁에 항복해. 그냥 놓아 버리라고."

내면의 목소리는 내게 고군분투할 필요가 없다고 말했다. 맞다. 일생을 투쟁 속에서 살 필요는 없다. 하지만 투쟁이 반드시 부정적인 것은 아니다. 우리는 투쟁 속에서 자신의 진실을 발견하고, 생생한 용기와 진짜 자아를 구성하고 있는 것들을 발견하기 때문이다. 투쟁은 더 나은 기회, 영혼의 재조정, 신성한 연결을 위한 길을 닦아준다. 그러니 투쟁 자체를 터부시할 필요는 없다.

투쟁은 심오한 정신적 성장을 위한 기반을 제공한다.

대부분의 사람들은 투쟁하지 않는 삶을 원하고, 다들 조바심을 내며 그런 삶을 기다린다. 하지만 인간이 된다는 것은 삶의 모든 면을 완전히 느낀다는 뜻이고, 그에 따른 좌절과 염려, 불안, 심지어 걱정까지 모두 다 투쟁 안에서 이루어진다. 자기애 실험을 하면서 나는 일부러 투쟁할 필요가 없다는 것을 알았고, 동시에 투쟁은 내가 선택하는 삶의 한 방식이라는 사실도 깨달았다.

어쩌면 인생의 어느 시기에 투쟁하고, 고군분투한다는 것은 진정한 보상을 위한 길일 수도 있다. 사람들이 하나같이 얻으려고 애쓰는 마음의 평화는 오직 평화의 정반대 상황을 통해서만 느낄 수 있기 때문이다. 그래서 많은 사람들이 스스로 의식하지 못한 채 힘을 키우는 방법으로 투쟁을 이용한다. 투쟁하지 않으면 진짜 자기 능력을 알 수 없기 때문이다. 투쟁은 따분한 삶으로부터 우리를 구해낸다. 투쟁은 차이와 깊이, 특징을 더한다. 그러니 우리는 투쟁을 보듬어 안아야 한다.

나는 이제 투쟁을 오롯이 고마워하는 마음으로 앉아 있을 수 있다. 투쟁은 나를 더 강한 인간으로 민들었다. 투쟁하는 과정에서 정말 되고 싶은 사람이 될 수 있었다. 투쟁은 우리를 규정하지 않는다. 그저 자신의 진실을 찾을 때 더 깊이 자각할 수 있도록 알려줄 뿐이다.

모든 문제는 길이다.

다만 투쟁 자체에 매몰되는 것은 주의해야 한다. 투쟁이 섹시해지는 것은 오직 투쟁을 인정하고, 투쟁에서 벗어나려는 행동을 취하여 앞으로 나아갈 수 있도록 투쟁을 이용할 때뿐이다. 투쟁을 이상적인 결과로 뛰어오르기 위한 트램펄린으로 사용하는 것이다. 그럴 경우 때로는 좌절한 것처럼 보일 것이다. 살을 뺄 수 없을 테니까 말이다. 하지만 저녁 식사 때 너무 많이 먹은 데 대해 죄책감이나 수치심을 느끼면서 자신을 질책하는 대신 연민과 사랑에 기대어 이렇게 말할 것이다.

"나는 할 수 있는 한 최선을 다하고 있어. 그리고 오늘 나는 내 모든 것에 감사해."

이러한 태도는 다음번에 날아올 청구서를 처리할 돈이 부족하더라도 두려움과 걱정에 휩쓸리지 않고 실제로 갖고 있는 것과 현재 살 수 있는 것에 감사하며 앉아 있는 것과 같다. 자신을 방해하고 원하는 것에만 관심을 집중시키는 부정적인 믿음을 모조리 놓아버리는 것과 같다. 이렇게 하면 걱정이 자리 잡을 여지가 아예 없어진다. 명료함, 자신감, 기쁨을 가지고 앞으로 나아가는 것에 집중할 때, 바로 그때 투쟁이 안내자가 된다.

우리는 선택할 수 있다. 투쟁이 자신을 규정하고, 방해하고, 계속 소심하게 굴게 만들도록 놔둘 수도 있고, 투쟁에 말을 걸고, 살아 있는 삶으로 뛰어드는 데 투쟁을 이용할 수도 있다.

살아가면서 극복할 수 없고, 불가능하고, 대항하기 힘든 기분이 온몸으로 느껴지는 상황에 처할 경우 그것이 정말 바라는 존재가 되도록 돕기 위해서 미래의 자아가 계획해둔 것이라고 생각하라.

실제로 투쟁은 어마어마한 성장을 내포하고 있다. 그런 상황 속에서 우리는 진정한 힘과 용기를 발견할 수 있다. 자신을 굴복시키려는 것과 대화를 나누는 것도 도움이 된다. 나는 내가 겪고 있는 고통에게 편지를 썼다.

고통에게

넌 나를 파괴하려고 할 수 있어. 넌 모든 것을 가져가려고 할지도 몰라.

아무것도 남지 않을 때까지 나를 망가뜨릴 거라면 한번 해봐. 하지만 난 너보다

강해. 난 일어날 거야. 난 나의 좌절보다 용감해. 고통아, 넌 나를 규정하지 않아.

빛나기 위해서 네가 필요하지도 않아. 넌 네 존재를 입증하기 위해 내가 필요하

지만 난 네가 필요 없어. 넌 내 인생에서 더 이상 환영받지 못해.

우리 각자 다른 길로 갈 시간이야.

널 놓아버릴 거야.

널 놓아줄 거야.

난 걱정 없이, 고통 없이 잘살 준비가 돼 있어.

난 완전히 빛 속에 발을 내딛고 있어.

난 널 놓을 거야, 투쟁아.

난 자유로워.

자신의 고통과 투쟁 속으로 더 깊이 들어갈 용기를 내라. 자신의 감정과 고통 속으로 깊이 뛰어들면 고통이 자기 인생에서 더 이상 필요하지 않다는 사실을 발견하고 스스로 놀랄 수도 있다. 그러면 그 고통을 영원히 날려버릴 수 있다. 자기애 실험을 하는 동안 나는 나의 투쟁들을 살펴보고 그것들을 놓

아주었다.

불안은 인간 존재를 이루는 한 부분이다. 지구상의 모든 사
람들에게는 저마다 불안해하는 뭔가가 있다. 불안은 우리의
삶을 망칠 수 있다. 중독, 자기 파괴적인 습관, 불안정으로 이
끄는 것 외에도 자기가 정말로 원하는 일을 하지 못하게 막기
때문이다.

내 코칭 고객들은 7킬로그램이 빠질 때까지 전국방송 텔레
비전 쇼에 나가서 홍보하고 싶지 않다거나, 셀룰라이트를 없
앨 때까지 데이트를 하고 싶지 않다고 말한다. 그럴 때마다 나
는 강조한다.

"바꿀 수 없다면 받아들여요."

그러면 고객들은 이렇게 말한다.

"하지만 난 셀룰라이트를 원하지 않아요."

"난 과체중이 되고 싶지 않아요."

이런 식으로 생각하면 에고가 여전히 운전석에 앉아 있게
된다. 바꿀 수 없는 것을 받아들이는 것은 포기하고 안주하겠
다는 뜻이 아니다. 그것은 자신의 있는 그대로에 항복하고 사
랑을 자기 안으로 불러들이겠다는 의미이다.

행복은 자기 자신에 대한 무조건적인 사랑의 토대이다.

나에게는 늘 자기 치아에 대해 불평하는 친구가 하나 있다. 그 친구는 자기 치아를 너무도 싫어한다. 하시만 지금도 나는 그 친구가 그러는 이유를 모르겠다. 그 친구 치아는 망가지지도 않았고, 변색되지도 않았다. 내가 보기에는 사실 예쁜 편에 속한다. 그런데도 그 친구는 자기 치아에 콤플렉스가 있고, 그것을 들키고 싶지 않아서 데이트를 하지 않는다.

또 내게는 자기 주근깨를 굉장히 싫어하는 친구도 있다. 그 친구는 화장으로 주근깨를 가리려고 애쓰는데, 내가 보기에 그 친구의 주근깨는 아주 자연스럽고, 심지어 아름답기까지 하다. 그런데 그 친구는 햇볕을 쬐면 주근깨가 도드라진다는 이유로 외출을 잘 하지 않는다.

예전에 나도 남자친구가 내 배를 만지는 것을 싫어했다. 남자친구가 포옹할 때 내 배에 팔을 두르면 불안해서 견딜 수가 없었다. 지금은 내가 무엇 때문에 그렇게 불안해했는지 전혀 알 수가 없다. 당시의 내 사진을 보면 배가 별로 나오지 않았기 때문이다.

다들 그렇게 자기의 불안을 키우고 있지만 사실 그 불안은 자신의 관점에서 비롯된 것일 뿐 그리 객관적이지 않다. 그런

데도 사람들은 자신에 관한 불안한 생각을 진짜라고 믿는다. 우리의 불안이 우리 자신이 아닌데도, 불안에게 힘을 넘겨준다.

불안이 자신의 일부라고 믿으면 두려움에 굴복하게 된다.

자기 자신의 미운 점에 초점을 맞추는 것은 자기애 실험에 전혀 도움이 되지 않는다. 불안은 진짜가 아니다. 그저 우리가 자기 자신에 대해 갖고 있는 하나의 시각일 뿐이다.

나는 오랫동안 내 배를 미워했다. 내 배가 혐오스럽고, 수치스럽고, 굴욕적으로 느껴졌다. 하지만 이런 불안은 나에게 도움이 되지 않았다. 내 배를 걱정하느라 얼마나 많은 시간을 썼는지 떠올리자 그동안 인생을 낭비하고 있었다는 생각이 들었다. 불안은 선택이고, 그 선택은 바뀔 수 있다. 내가 선택하고 있는 것을 바꾸는 것은 관심사를 바꾸는 것으로 가능하다.

나는 내 배가 얼마나 미운지에 집중하기를 관두고, 내 배에 대한 관점을 바꿨다. 내 배에 다정한 생각을 전했고, 내 인생에서 배가 해온 역할을 인정했다. 그러자 내 배는 혐오스럽고 미운 존재가 아니라 내 몸에 더 많은 사랑을 불러들일 수 있는 기회였다. 인생의 어떤 영역에서든 불안을 느낀다는 것은 거기에 더 많은 사랑을 기울여야 한다는 의미이다. 싫어하거나 이해할 수 없는 것들에 사랑을 더 많이 주면, 더욱 큰 평온을 느끼게 될 것이다.

여전히 나에게 불안을 극복하는 방법을 묻는 고객들이 많다. 그럴 때 나는 불안에게 더 많은 사랑을 보내는 것이 가장 좋은 방법이라고 말한다. 그리고 이를 위해서는 자기 자신을 내보여야 한다. 불안하더라도 자기 자신을 드러내고, 자신이 두려워하는 그것을 직접 겪어내는 것이다. 그러면 객관적 사실처럼 보였던 두려움이 사실은 이성적이지도, 합리적이지도 않다는 사실을 알게 될 것이다.

나는 건강 미디어 기업인 마인드보디그린mindbodygreen에서 온라인 강좌 지도자이자 행복 강사로 활동하고 있다. 온라인 강좌를 맡아달라는 회사의 요청을 받아들였을 때 내 몸무게는 100킬로그램이 넘었다.

뚱뚱한 몸에 이중 턱이 된 상태에서 카메라 앞에 서는 일은 당연히 나를 불안하게 했다. 하지만 그 불안함 때문에 좋은 기회를 포기하고 싶지 않았다. 그래서 나는 불안을 밖으로 완전히 내보였고, 그렇게 하자 인생이 근본적으로 바뀌었다. 나는 나 자신을 훨씬 더 깊은 차원에서 사랑할 수 있게 되었다.

내 진심이 전달돼서였을까. 마인드보디그린 측에서는 내

강좌가 점심시간 인기 강좌가 되었고, 사람들이 내가 전하는 메시지를 진심으로 신뢰하고 좋아하는 것 같다고 말해주었다. 짜릿했다. 불안은 실체가 아니며 자기 머릿속에만 존재하는 것이다. 우리는 우리 자신이 생각하는 만큼 그렇게 끔찍하고 형편없지 않다. 오히려 자기 생각보다 훨씬 나은 존재다. 그러니 스스로를 완전히 내보이면서 있는 그대로 온전히 존재할 수 있게 해야 한다.

이야기를 바꾸면
의미가 달라진다

내 고객 중에 건강 코치로 일하는 사람이 있다. 그 고객은 자기 몸에 있는 셀룰라이트에 대해 극도의 불안 증세를 보였다. 그녀는 내게 말했다.

"저는 제가 완벽한 몸매를 갖고 있지 않기 때문에 건강 코치로서 자격이 없는 것 같은 기분이 들어요."

나 또한 과체중인 내 몸을 혐오했던 적이 있었기 때문에 나는 그녀에게 이렇게 물었다.

"만약 당신의 셀룰라이트를 고맙게 여긴다면 거기서 어떤 교훈을 얻을 수 있을 것 같아요?"

처음에 그녀는 약간 혼란스러워했다. 하지만 마음을 열고 그런 상황을 상상해보고 나서 이렇게 말했다.

"음, 내 셀룰라이트는 내가 뭔가를 얻기 위해 노력하게끔 해 줘요. 그리고 내가 결코 완벽하지 않다는 것을 알려주죠. 그 말은 나처럼 자기 몸에서 개선하고 싶은 부분이 있는 사람들에게 내가 가르칠 게 있다는 뜻이에요. 셀룰라이트가 내가 더 나은 코치가 되는 데 도움을 줄 수 있겠네요."

'끌림의 법칙' 강사인 에스더 힉스Esther Hicks[11]는 말했다.

"당신은 당신의 경험이 만들어낸 유일한 인간입니다. 당신에게 오는 모든 것은 당신이 하는 생각의 힘에 따른 것입니다. 만약 변화하고 싶다면 이야기를 다시 만드는 것부터 시작하세요. 긍정적인 부분에 초점을 맞추기 시작하면 세상을 창조한 힘이 자신을 관통하여 흐르는 것을 느끼기 시작할 것입니다."

이 말은 우리 각자가 같은 상황을 바라보는 자기만의 관점이 있으며, 자기 자신에게 들려주는 이야기를 바꿀 수도 있다는 뜻이다.

셀룰라이트가 있던 고객은 이런 방식으로 자신의 이야기를 바꾸기 시작했다. 자기 몸이 완벽하지 않아서 사이비 건강 코치처럼 느껴지는 이야기 대신에 완벽하지 않은 것이 자신을

---

11 www.estherhicksbiography.com

더 완벽하게 만들도록 한다는 사실을 드러내 보임으로써 그것을 교육의 기회로 사용했다.

이야기를 바꾸면 상황도 달라진다. 더 이상 내적 고통이나 자기 증오를 불러일으키지 않게 된다. 당신에게도 바꿀 이야기가 있는가?

지나온 시간과 사건은 모두 연결돼 있다.

자기 자신을 자랑스러워하기 위해서 목표에 도달할 때까지 기다릴 필요는 없다. 결과에 집착하지 않으면 단계 하나하나를 자랑으로 여길 수 있다.

모두 연결되어 있다. 재능, 환경, 목적, 결함, 여정, 운명, 이 모든 것이 다 당신을 만들어가고 있다. 그러니 과정 전체를 보듬어 안아야 한다.

우리는 모두 다 우리 인생의 영웅이다. 유명 작가이자 강연자인 조지프 캠벨Joseph Campbell이 '영웅의 여정'이라고 지칭한 여행을 우리 각자가 하고 있는 중이다. '영웅의 여정'은 진짜 본성 안으로 발을 내딛어 지구에 온 영혼에 부여된 과제를 완수하는 것을 의미한다.

그룹 코칭 시간에 나는 나의 아픔이나 고통, 좌절이 곧 '나'

는 아니지만, 그동안 겪어온 일은 전부 다 더 큰 계획의 일부라는 사실을 강조한다. 그러니 때로 궤도에서 벗어난 듯한 기분이 들더라도 실제로는 그렇지 않다는 사실을 이해해야 한다. 광고회사 생활에서 오는 극도의 피로와 우울증은 내 삶의 더 큰 계획의 일부였다. 내가 겪은 일 덕분에 나는 책을 쓰고, 여러 강좌와 기사를 통해서 희망과 행복에 관한 메시지를 공유할 수 있게 되었다.

사람들은 대체로 막막한 기분을 느끼면 안 된다고 생각한다. 고통받으면 안 된다고, 빗나간 기분이 들면 안 된다고. 하지만 그런 게 인생이다. 궤도에서 벗어난 순간들이 실제로는 그 어느 때보다 원하는 결과를 향해서 나아가고 있는 상태라는 점을 기억해야 한다. 지금 겪고 있는 좌절, 두려움, 감정적 분투는 모두 계획적으로 인생에 존재하는 것이다. 스스로 경험하고 싶어 하는 당신 자신의 계획. 사람들은 대개 고통을 통해서 가장 잘 배우기 때문이다. 위대한 영적 스승인 에크하르트 톨레Eckhart Tolle는 이것이 대부분의 사람들이 배움을 얻는 방법이라고 말한다.

"대부분의 사람들에게 영적 스승은 자신의 고통이다. 결국 고통이 깨우침을 가져오기 때문이다."

치유되는 과정에서 과거에 안쪽 깊숙이 묻어뒀던 감정들을 더 많이 느끼기 시작할 수도 있다. 나는 자기애에 접근했을 때 분노가 훨씬 심해지면서 들끓는 것을 경험했다.

말이 안 되는 상황이 벌어지거나 사람들이 이해가 안 가는 행동을 하면 미워하고, 탓하고, 쉽게 화낼 수 있다. 하지만 이런 감정들을 들여다보면 그것이 분노로 위장한 두려움이라는 사실을 알 수 있다. 두려움은 그저 더 많은 사랑을 갈구하는 고통일 뿐이다. 그러니 분노에 초점을 맞추는 대신에 고통을 치유하는 데 집중하는 것이 좋다.

우리는 외부에서 벌어지는 일은 결코 통제할 수 없다. 하지만 자기 인생에서 개인적으로 드러나는 두려움이나 사랑 정도는 합리적으로 조정할 수 있다.

몇 년의 시간을 거쳐오는 동안 나는 이에 대해 근본적으로 다른 태도를 취하기로 결심했다. 다른 사람의 행동을 두고 손가락질하거나 탓하거나 비난하는 대신에 내 내면을 보기로 결심한 것이다. 그러자 다른 사람이 아니라 내가 나 자신에게 하는 말을 들을 수 있었다.

"넌 충분히 훌륭하지도, 똑똑하지도, 날씬하지도 않아."

나는 이런 말로 나 자신을 공격하고 있었다. 나를 미워했기에 세상에 미움을 내보내고 있었던 것이다.

세상을 더 나은 곳으로 만들고 싶다면 마음속 분노부터 치유해야 한다.

많은 사람들이 내면의 분노에 매달린다. 분노는 습관, 중독, 문제 혹은 다른 사람들과의 다툼으로 나타난다. 분노는 훨씬 더 많은 문제들을 초래할 수도 있지만, 때로는 이런 사실을 깨닫지도 못한다. 다른 사람에 대한 분노를 계속 품고 있고, 세상이 돌아가는 상황에 몹시 화가 나 있을지도 모른다. 그런데 실제로 이것은 외부의 것이 아니라 당신 마음속의 것이다. 지속되는 고통을 날려버리고 싶다면 자신이 어떤 부분에 계속 분노하는지 먼저 살펴봐야 한다. 분노는 인간이라는 존재를 이루는 한 부분이다. 하지만 그 감정을 계속 품고 있으면 마음이 완전히 파괴될 수 있다. 그러니 자기 자신을 용서해야 한다.

자신의 생각을 깨끗이 정리해야 세상을 정리할 수 있다.

나의 내면을 들여다보았을 때, 나는 과거의 사람들, 특히 전 남자친구들에게 부정적인 감정을 품고 있다는 사실을 발견했다. 나는 관계가 끝난 방식에 몹시 화가 나 있었다. 사실 한.남자와의 관계에서는 아예 끝이라고 할 만한 게 없었다. 그 남자는 갑자기 결혼을 해버림으로써 우리가 만날 가능성 자체를 완전히 차단해버렸다. 나는 화가 났다. 그 사람과 같이 있고 싶은 건 아니었다. 그가 내게 적절한 사람이 아니라는 것은 나도 잘 알았다. 다만 그가 내 감정을 존중하지 않고 혼자 끝냈다는 데 나는 몹시 화가 났다. 그 감정들은 엄청난 체중 증가로 이어졌다. 나는 과거의 분노를 살펴보기 시작했다. 그리고 분노를 내 안에 계속 두는 대신에 그것을 더 많은 연민과 사랑으로 바라보기 시작했다. 그럴 때 몸무게는 더 이상 도움이 되지 않았고, 그 결과 체중이 차츰 줄어들기 시작했다. 모든 것은 연결되어 있다.

분노를 놓아버리면 자기 자신에게 도움이 될 뿐만 아니라 세상을 치유하는 데도 기여한다.

우리는 인생을 헤쳐 나가는 과정에서 겹겹이 층을 쌓아올리면서 자기 자신을 보호한다. 어린 시절의 자아, 성장을 멈춘 채로 여전히 과거에 있는 자신의 일부가 존재한다. 치유 여정에서 나는 과거를 인정하는 것이 가진 힘을 인식했다. 지금 경험하고 있는 일은 전부 다 더 큰 그림을 이루는 부분들이다.

대부분의 사람들은 성장하고 배우는 단계에 있으면서 그것을 이해해보려고 아주 힘들게 노력한다. 그리고 이러한 압박감이 굉장한 스트레스로 나타난다. 인생이 궤도에서 벗어나 있고, 계속 그 상태에 갇혀 있을 것 같은 기분이 든다.

때로는 살아가는 내내 과거의 사건들을 짊어지고 가기도 한다. 우리는 성장하면서 과소비를 하고, 과로를 하고, 과식을 하는 등 과잉 보상을 한다. 이는 기억 속에 박힌 고통스러운 경험을 은폐하려고 하기 때문이다. 그럴 때 고통스러운 과거로 돌아가보면 그런 상황에서 자신이 해야 할 일이 무엇인지 알게 될 것이다. 때로는 자기 자신에게 몹시 화가 나 있을지도 모른다. 그럴 땐 기꺼이 용서하고 놓아버려라. 고통을 피하려고 어떤 행동을 하는지 알아보면 그런 습관들이 무엇을 파괴하는지 아는 데 도움이 될 것이다. 고통에서 달아나는 대신 고통을 치유하기 위해 내면으로 눈을 돌려야 한다. 스스로 그 상황에 연민과 사랑을 보내줘야 한다.

용서는 훈련이다. 연습하면 할수록 용서하기가 더 쉬워진다. 물론 자기 자신을 용서하는 것은 어렵다. 기대에 부응하지 못했던 죄책감을 불러일으키기 때문이다. 하지만 요가를 하거나 체육관에 가는 것처럼 용서도 일종의 훈련이다. 때로는 그저 기꺼운 마음으로 용서하는 것으로 내면의 분노를 흘려보낼 수 있게 될 것이다.

부디 자기 자신에게 친절해야 한다. 다정해야 한다. 자기 자신을 치유하고 용서하는 것은 세상을 치유하는 가장 빠른 두 가지 방법이다. 단, 반드시 자기 자신부터 시작해야 한다.

지금껏 겪어온 일은 중요하다. 당신은 중요한 존재이고, 당신의 이야기 역시 그러하기 때문이다.

여태까지 겪은 모든 일들은 당신이 정말로 바라는 모습이 되게끔 도왔다. 처음에는 이롭다는 것을 이해하기 힘든 상황도 있었을 것이다. 이해한다. 하지만 치유에는 자신의 이야기와 개인적인 경험을 다른 사람들과 공유하는 것도 포함된다. 자신의 진실을 다른 사람들과 공유하면 치유되고 이해하게 되고, 가장 중요하게는 마무리를 지을 수 있게 된다. 그러니 지금까지 살아온 자신을 축복하고 당당히 서서 자신의 이야기를 공유해야 한다. 세상이 들어야 할 당신의 이야기를 해줘야 한다. 애플의 공동 창업자인 스티브 잡스 Steve Jobs 는 이런 말을 했다.

"앞을 내다보면서 점을 이을 수는 없다. 오직 뒤를 돌아봤을 때에야 점을 이을 수 있을 뿐이다. 그러니 미래에는 어떻게든 점들이 이어지리라는 것을 믿어야 한다. 자신의 직감, 운명, 인생, 카르마(업), 무엇이 됐건 믿어야 한다. 이 방법은 나를 한 번도 실망시킨 적이 없었다. 그리고 내 인생의 모든 변화를 만들어냈다."[12]

이것은 내가 제일 좋아하는 인용문 가운데 하나다. 곤란한 일이 엎치고 덮쳐서 상황이 어떤 식으로 연결되어 있는지 알 수 없을 때조차도 이런 식의 믿음에 기댈 수 있다. 모든 일이 더 큰 계획의 일부라는 사실을 믿어야 한다.

우울증으로 고통받고 나 자신을 미워할 때 나는 길을 잃은 기분이었다. 내가 중요하지 않다는 느낌이 들었다. 나는 내 마음을 따르면서 두려움 대신 내면의 애정 어린 목소리에 귀를 기울였고, 나를 치유할 수 있었다. 이렇게 하니 내 인생이 완전히 달라졌다. 그리고 나의 개인적인 여정에서 이뤄진 치유의 대부분은 내 이야기를 공유하는 것에서 시작되었다.

나의 첫 책《행복 찾기》는 나를 치유하고 과거의 고통을 처리하기 위해서 썼다. 책 자체가 나의 진실, 진정한 나의 표현

12 Steve Jobs, "Stay Hungry. Stay Foolish." Commencement address, Stanford University, Stanford, California, June 12, 2005.

이었다. 나는 그 책이 아마존 베스트셀러가 되고 전문적인 작가 경력의 출발점이 되리라고는 전혀 생각하지 못했다. 당시에는 경험을 공유해야 한다는 사실을 그저 마음으로만 알았을 뿐이다. 나 자신과 나의 진실을 공유할수록 더 많은 치유를 경험하고, 세상으로부터 더 많은 사랑을 느끼게 되었다.

용기를 내서 이야기를 공유했는데, 사람들이 무슨 생각을 할지 걱정이 된다거나 정말로 자신의 이야기가 시시해서 말하지 못하겠다면 당신이 중요한 존재라는 사실을 명심하라. 세상은 당신이 지닌 것을 필요로 한다. 어떤 치유 과정이든 어려움에 처한 사람들에게 쓸모 있는 존재가 되는 것이 포함된다.

나는 이런 과정을 통해 치유되었고, 내가 책을 쓸 때마다 치유는 계속되고 있다. 나의 이야기를 공유하고, 사랑하는 독자와 연결되면서 나는 치유된다. 내 이야기 속에서 독자들이 자신의 모습을 보기 때문이다. 독자와 나는 함께 세상에 영향을 미친다. 이 책과 같은 책들을 읽고 자기 자신을 더 내보임으로써 당신 역시 치유된다. 그리고 당신의 치유를 통해서 주변 사람들을 도와주게 된다.

나는 치유 과정에 이르는 여정의 전 단계를 여러 사람과 함께 진행한다. 사람들은 자기 이야기를 공유하고 싶은 지점에 이르면 대개 남들이 어떻게 생각할지, 자신이 심판받거나 부정적인 시각으로 비춰지지는 않을지 걱정한다. 하지만 자신이 거리낌 없이 말하면 다른 사람들에게도 그럴 기회를 주게 된다. 자신의 진실을 이야기하면 다른 사람들 역시 그렇게 할 수 있게 해준다.

2016년 아카데미상 시상식 공연 무대에 오른 레이디 가가Lady Gaga는 자신의 노래 '그 일이 당신에게 일어날 때까지Til It Happens to You'를 불렀다. 대학 캠퍼스에서 벌어지는 강간 문제를 다룬 다큐멘터리 영화 '헌팅 그라운드The Hunting Ground'의 주제곡이었다.

레이디 가가는 그때 '생존자SURVIVOR', '네 잘못이 아냐NOT YOUR FAULT' 같은 문구들을 팔에 적은 캠퍼스 강간의 생존자들을 무대 위로 데리고 나왔다. 노래가 끝나자 그들은 다 같이 서로 맞잡은 손을 자랑스럽게 들어올렸다. 매우 감동적인 장면이었다. 공연이 끝난 뒤 레이디 가가는 인스타그램에 자기 역시 그런 상황을 겪은 생존자이지만 사랑하는 많은 사람들에게 침묵을 지켰다는 글을 올렸다.

레이디 가가가 올린 게시물에 따르면, 그녀는 시상식 공연을 하고 난 다음날 할머니와 고모의 전화를 받았다고 한다. 두 사람 다 그전까지 레이디 가가의 사연을 모르고 있었다. 레이디 가가는 자기의 경험을 밝히지 않은 이유를 너무 수치스럽고 두려웠기 때문이라고 밝혔다. 그런데 할머니 로니는 레이디 가가가 상상한 것보다 더 멋진 반응을 보였다.

"사랑하는 내 손녀, 그 어느 때보다도 오늘 네가 가장 자랑스럽단다."

레이디 가가의 공연은 자신의 이야기를 당당하게 공유하도록 많은 사람들에게 영감을 주었다. 배우 제이미 킹Jaime King과 '배첼러The Bachelor' 출연자인 제이드 로퍼Jade Roper가 레이디 가가의 공연에 감동을 받아서 오랫동안 간직했던 과거의 성적 학대 경험을 털어놓았다. 레이디 가가가 자신의 진실, 자신의 사연을 공유하는 용기를 보여줬을 때 그녀는 수백만 명의 사람들에게도 똑같은 용기를 준 셈이다.

레이디 가가는 자신의 이야기를 공유함으로써 훨씬 더 치유될 수 있었다. 그리고 용감하게 마음을 열고 자신의 진실을 존중함으로써 수백만 명의 사람들을 도울 수 있었다. 자신이 레이디 가가처럼 유명인이 아니라서 그렇게 할 수 없다고 생각하는 사람이 있을지 모른다. 하지만 중요한 것은 얼마나 많은 사람을 도울 수 있느냐가 아니라 얼마나 진실하게 나눌 수 있느냐이다. 한 사람의 진실한 공유가 다른 누군가의 생명을 구할 수도 있다. 아니면 적어도 다른 사람들의 하루가 나아지 도록 도울 수 있다.

우리는 자신의 진실을 공유하는 것을 무서워한다. 하지만 진실을 공유하는 바로 그 행동을 통해서 내면의 공허함을 채 울 수 있다. 대부분의 사람들이 슬프거나 빗나간 기분을 느끼 는 이유는 자신의 진실한 자아를 표현하지 않기 때문이다. 참 자아를 표현하면 자유를 찾게 될 것이다.

자신의 이야기를 공유하면 그 이야기를 듣는 상대방 역시 더 열리고 솔직해진다. 사랑과 자기 연민을 가진 상태에서 자 신의 이야기와 여정을 공유하면, 아직 그런 경향을 보이지 않 은 상처 입은 사람들을 치유하게 된다. 자기 자신에게 일어난 일을 순순히 인정하고 고백하면 자기 수용이 일어난다. 더 이 상 자신의 취약한 부분으로부터 도망치지 않는 자신을 목격 한다. 더 이상 수치심과 부정의 그림자 속에 숨어 있지 않게 된다. 가장 사랑이 필요한 부분, 바로 자신의 과거, 자신의 이 야기, 자신의 여정에 빛을 비추게 되는 것이다.

그러니 지금껏 자신이 겪어온 일을 공유해야 한다. 당신의 이야기는 중요하기 때문이다. 당신의 경험과 당신이 헤쳐 나온 상황은 모두 인생 계획의 한 부분이다. 자기 자신을 완전히 공유하면 실제로 주변 사람들을 돕게 된다. 주변 사람들이 인생의 교훈을 찾을 수 있고, 그 교훈을 각자의 삶에 적용할 수 있기 때문이다. 자신의 이야기를 공유하면 다른 사람들을 정신적으로 고양시키고 자기 자신을 치유하게 된다.

무엇보다 자기 자신을 표현하면 자유에 이르게 된다. 말하고 싶은 것을 말하지 않으면 우울증과 불안을 초래할 수 있다. 그야말로 지금 겪고 있거나 이미 경험한 것을 공유하면 개인적인 자유를 향해 발을 내딛는 데 도움이 될 것이다. 그러니 자기 자신을 표현해야 한다.

당신이 경험한 일에는 다 이유가 있다. 자신의 고유한 이야기를 공유하는 것은 당신 자신에게 국한된 문제가 아니다. 그저 자신의 진실을 공유하는 것만으로 다른 사람들을 도울 수 있다. 이 모든 것은 전부 다 표현과 관련되어 있다. 자신의 참된 진실성을 표현하면 아름다워진다. 그러니 자기 자신이 있는 그대로 존재하게 하고, 기꺼이 자신의 이야기를 나눠라.

변화하는 모습을
고맙게 여겨라

우리는 자기 자신에게 달라지라고, 새로워지라고, 신선해지라고, 지나치게 압박하는 경향이 있다. 그러고는 목표를 이루지 못하면 질책하면서 자신의 뺨을 때린다. 자기 분노와 죄책감, 두려움과 유감으로 가득 찬 부정적인 인식들을 쌓아올린다.

진정한 변화를 원한다면 두려움과 질책이 아니라 수용과 사랑을 통해서 그렇게 해야 한다. 완벽한 몸을 꿈꾸며 자기 자신을 미워하고 자기를 동정하는 한 소울 메이트를 발견하기가 어려울 것이다. 현재 벌고 있는 돈을 고맙게 여기지 않으면 더 많은 돈을 벌 수 없다. 자신의 욕망이 무엇이건 간에, 변화하고 새로운 목표에 이르기 위한 영감은 내면에서 온다. 새롭게 시작하고 싶다면 기쁨의 상태에서 그렇게 해야 한다.

진정한 행복은 이상적인 몸무게, 꿈에 그리는 연애, 많은 액수의 돈에 있는 게 아니다. 그것을 이루었을 때 느끼고 싶은 행복과 감정은 지금 내 안에 있다. 영원한 변화를 이루려면 이미 마음속에 있는 지혜를 향해 내면으로 눈을 돌려야 한다.

자기반성을 하고 자각한다면 더 균형 잡힌 선택, 바로 진정한 자아에 부합하는 선택을 할 수 있다.

인생이 험난할 때도 있다는 것을 잘 안다. 때로는 아침에 못 일어나는 경우도 있을 것이다. 슬픔은 지나갈 테고, 결국에는 현재 처한 상황의 목적을 알게 되리라고 믿어야 한다. 지금 걷고 있는 길이 힘들수록, 그것은 자신의 소명이 더 숭고하기 때문이라는 점을 명심해야 한다. 지금 있는 자리가 가고 싶은 곳에 이르기 위해 있어야 할 바로 그곳이라는 점을 새겨둬야 한다. 계단 전체를 볼 필요는 없다. 그저 첫발을 내딛기만 하면 된다. 우리가 해야 할 일이라고는 한 번에 한 걸음씩 내딛는 것뿐이다.

나는 독자들로부터 수백 통의 이메일을 받는다. 가장 많이 받는 질문은 이런 것들이다.

"기쁨을 찾을 수 없는 직장과 그에 동반된 우울증에서 어떻게 벗어났나요?"

"세계 여행은 어떻게 할 수 있나요?"

"자기애를 어떻게 찾았나요?"

이 모든 질문에 대한 대답은 한 번에 한 걸음씩 내딛는 것이었다.

실제로 나는 그저 어제보다 더 잘하기 위해서 나 자신에게 전념했다. 오늘 행동에 옮김으로써 미래의 자아를 믿었다. 한 번에 하루씩, 이런 생활 방식은 기막힌 변화와 맞먹는 강력한 추진력을 만들어낼 것이다.

변화와 건강한 습관 만들기를 주제로 한 책 가운데 내가 가장 좋아하는 것은 그레첸 루빈Gretchen Rubin의 《나는 오늘부터 달라지기로 결심했다》이다. 그 책이 이런 개념을 생각해내는 데 영감을 주었다.

자기 인식을 더 많이 하게 되면 자기 자신과 사랑하는 사람들을 위해서 더 나은 선택을 하는 힘이 자신에게 있다는 사실을 이해하게 된다. 이런 일은 한 번에 하루씩, 한 번에 한 걸음씩 일어난다. 그저 전날보다 더 나아지기 위해서 자기 자신에게 전념하기만 하면 된다.

한 번에 안내받은 행동을 하나씩 하게 되면 엄청난 결과를 낳는다.

나는 자기애 실험을 통해 해외에 나가 살면서 여러 나라에서 일하고 글을 쓴다는 목표를 현실로 만들었다. 내가 살았던 국가들 가운데 모로코도 있었는데, 그 나라는 나라 전체가 큰 작업이 진행 중인 것처럼 보였다. 내가 모로코에서 이 책의 1부를 쓰게 된 것은 결코 우연이 아니었다. 모로코는 나를 치유하고 이해하는 데 완벽한 환경이 되어주었다. 바로 '작업이 진행 중'이라는 환경.

내가 살았던 도시 라바트에서는 언제나 공사가 진행 중이었다. 현지인들을 만나면서 그들이 결과보다는 계획 자체에서 기회를 찾는 것을 보고 나는 내심 놀랐다. 미국인인 나는 결과를 보상으로 보는 문화 속에서 자랐기 때문이다. 하지만 자기애 실험을 하면서 나는 나 자신을 거대한 거울에 비춰보기 위해서 물리적인 환경을 바꿨다. 그리고 그 여정 자체가 진짜 보상이라는 사실을 이해할 수 있었다.

실험을 하는 동안 나는 바로 지금 있는 자리가 가장 중요하다는 사실을 알게 되었다. 내가 자기애 실험을 성공적으로 시작할 수 있었던 이유는 나 자신을 새로운 기회를 향해 활짝 열어둔 덕분이었다. 내 마음을 따르고 내면의 안내자를 믿었다. 이렇게 함으로써 진정한 자아와 더 많이 연결된 느낌을 받았다. 이러한 연결 안에서 자기애가 빛날 수 있었다. 막막한 기분이 들거나, x, y 혹은 z를 어떻게 할 수 있는지 계속 물어보고 있다면, 진행되는 과정 중에 그 방법을 알게 된다는 점을 명심해야 한다.

자신을 내놓을 수 있다는 것은 축복이다. 나는 내가 바라는 모습이 되어가는 중이다.

완벽주의는 침묵의 살인자다. 나는 나만의 '완벽'을 추구하면서 나를 바꾸려고 애썼다. 뚱뚱한 몸으로 수십 년을 살았고, 마른 몸으로도 수년을 살았다. 남들과 어울리고 받아들여지고 싶다는 헛된 노력 때문에 섭식 장애로 고통받았다.

여러분은 이 책을 읽으면서 내가 살을 쫙 뺐다고, 드디어 소울 메이트를 만났다고 말해주기를 바랄지도 모르겠다. 하지만 나는 여전히 싱글이고 엄밀히 말하면 과체중이다. 자기애 실험을 하면서 내가 얻은 것은 완벽한 몸매도 아니고, 멋진 남자도 아니었다. 그저 나 자신이 행복해졌다. 그리고 내 행복이 내 몸이나 신체 사이즈, 연애 상대에 좌우되지 않는다는 것을 알았다.

내 행복은 체중과 전혀 관련이 없었다. 나는 내가 아름답다고 느끼고, 더 이상 다른 누군가가 되기를 기다리지 않는다. 그게 바로 자기애 실험의 마법이다.

실험을 하기 전에는 내가 뚱뚱했기 때문에 망가졌다고 생각했다. 수치심과 죄책감이 장악한 날도 있었다. 내가 아닌 다른 뭔가가 되라는 압박감이 엄청났다. 나는 내가 누구인지 스스로 말하지 않고, 세상이 나에 대해 말하도록 주도권을 넘겨주었다. 이런 잘못된 믿음들을 뿌리 뽑고 진짜 내 몸과 사랑에 빠지는 임무에 성공하고 나자 나로 존재하는 것에 더 이상 수치심을 느끼지 않게 되었다.

자기 외부에서 답을 찾으며 평생을 살 수도 있고, 안으로 눈을 돌려서 마음으로 정말 올바르게 느껴지는 것을 느낄 수도 있다.

하지만 그렇다고 해서 사회나 가족, 우리 사회에 뿌리 내린 문화가 자신을 내버려두는 것은 아니다. 그것들은 여전히 압력을 가한다. 그럴수록 나는 실험 안으로 더 깊이 파고들어갔고 그러자 불현듯 이해가 가는 것이 있었다. 사람들이 나를 대하는 방식은 나를 향한 것이 아니라 그들 자신을 반영하는 것이란 사실이었다. 내 몸은 고쳐야 할 대상이 아니고, 내가 뭔가 잘못됐다는 신념 체계야말로 진짜 치유가 필요한 유일한 문제였다. 나는 과체중이지만 그것이 내면이 건강하지 않다거나 결함이 있다는 뜻은 아니다. 내 주치의는 내가 아주 탄탄하고 건강한 여성이라고 말한다.

누구도 당신의 허락 없이 당신이 열등감을 느끼게 만들 수는 없다.

불안이 승리하게끔 놔두지 않으면, 우리는 진실에 직면할 수 있다. 열등감으로 고통받고 있다면 자기를 인정하는 방법을 탐구해야 한다. 자기 자신을 사랑하게 되면 자유로워질 것이다. 물론 자기 자신에게 바꾸고 싶은 부분이 있을 수도 있다. 그럴 때도 그것에서 도망치는 대신 보듬어 안고, 사랑하고, 그것을 세상에 보여줘야 한다. 진정한 자신을 드러내면 세상도 그것을 품는다.

자기 자신을 가치 있게 여기고 자신을 내보이면 세상도 내보일 것이다. 자신의 불안과 타협한다는 것은 불안이 이기게끔 놔둔다는 의미다. 원치 않는 것에 관심을 둘수록 원치 않는 것들이 힘을 넘겨받기가 더 쉬워진다.

내가 품고 있던 불안과 협상하기를 그만두고 나서 나는 열한 가지 진실을 알게 되었다. 그것은 다음과 같다.

1. 오직 자기 자신을 받아들일 때만 사람들이 당신을 받아들인다.

2. 다른 사람들의 말과 행동은 당신이 아니라 그들 자신을 반영하는 것이다.

3. 누구도 당신 허락 없이 당신이 부족하다는 기분이 들게 만들 수 없다.

4. 원하는 것을 볼 준비가 됐을 때만 볼 수 있다.

5. 행복은 바깥이 아니라 안에서 나온다.

6. 신체 사이즈는 자신을 부족한 사람으로 만들지 않는다.

7. 당신은 스스로 느끼는 만큼 아름답다.

8. 능력을 결정짓는 것은 신체 사이즈가 아니라 마음과 정신이다.

9. 절대로 외모로 사람의 내면을 판단할 수 없다.

10. 당신은 당신의 몸보다 더 크다.

11. 감정이 외모보다 더 중요하다.

마사 벡Martha Beck은 2016년 3월호 〈오, 오프라 매거진O, The Oprah Magazine〉에 '매우 좋은 상처'라는 글을 실었다. 이 기고문에서 벡은 나쁜 습관, 고질적인 문제, 해로운 행동이 실제로는 우리를 위해서 생각보다 훨씬 더 많은 일을 한다고 설명

한다.

예를 들어 폭식을 멈추지 못하는 사람과 언제나 극적인 사건을 끌어들이려는 사람이 있다고 하자. 표면적으로 이 두 사람은 공통점이 많지 않은 것처럼 보인다. 하지만 깊이 파고들어가면 두 사람 다 심리학자들이 이차적 이득secondary gain이라고 하는 것을 갖고 있다. 이차적 이득은 습관, 중독 혹은 자기 파괴적인 상황에서 얻게 되는 이득과 연관되어 있다.

없애버리려고 계속 애쓰고 있지만 그럴 수 없는 문제가 있는가. 그렇다면 그 문제가 자신에게 어떤 이득을 주고 있는지 스스로 물어봐야 한다. 코칭 현장에서 나는 고객들에게 자신이 갖고 있는 이차적 이득이 있는지 물어본다.

"고치고 싶은 나쁜 습관을 통해 당신은 무엇을 얻고 있죠?"

내가 이렇게 물으면 고객들은 나를 정신 나간 사람처럼 쳐다본다. 안 좋은 습관들을 고치고 싶어서 강의를 듣고 있는데, 그것들이 자신에게 어떤 이익을 주고 있느냐고 물으니 황당한 것이다.

하지만 그들은 고통이 자신에게 준 것을 살펴보지 않고, 그것을 성급하게 치유하려고만 한다. 깊이 들어가면 이런 상황들이 매번 충족되지 않은 깊은 욕구를 드러내고 있다는 사실을 알아야 한다.

내 고객 가운데 늘 정신없이 바쁘게 사는 사람이 있었다. 그녀는 인생 상담 코치였고, 업무를 뒷받침하는 유튜브 채널도 갖고 있었다. 코칭 시간에 그녀는 이렇게 털어놓았다.

"난 느긋하게 있는 법을 몰라요. 멈출 수가 없어요. 새로운 영상물을 계속 만들어내야 한다는 기분이 들어요."

그래서 내가 물었다.

"만약 자신의 모든 시간을 분주함으로 꽉 채우지 않는다면 삶이 어떻게 될 것 같아요?"

그러자 그 고객은 끝내줄 것 같다고 말했다.

"어떻게 할 수 있을지 모르겠지만, 그게 바로 제가 원하는 거예요."

우리는 더 깊이 내면을 살펴보았고, 그녀가 휴식을 후퇴로 여긴다는 사실을 알게 되었다. 그녀는 새로운 영상물을 제작하지 않으면 자신이 무의미하게 느껴지고, 뒤처지게 되리라는 두려움을 갖고 있었다. 그러니까, 그녀가 늘 분주하게 시간을 보내면서 얻게 되는 이차적 이득은 자신이 뒤처질 것이라는 두려움을 잊게 해준다는 것이었다. 만약 새로운 영상물을 만들거나 블로그에 글을 올리느라 바쁘지 않다면, 그녀는 제대로 돌아가지 않는 사업 영역들을 살펴봐야 했을 것이다. 그녀는 정신없이 열심히 일하면서 그런 두려움을 감췄다. 열심히 일하는 동안은 그녀가 갖고 있는 핵심적인 두려움, 자신의 재능과 지식으로 돈을 벌 자격이 없다고 느끼는 감정을 드러낼 필요가 없었다.

알다시피 그녀가 속도를 늦추거나 편안하게 쉬는 법을 모르는 게 아니다. 서두르는 태도는 대부분의 중독이나 습관처럼 내면에 품고 있는 감정을 보호하려는 기제다. 고통을 통해서 욕구를 충족시키는 사람들이 이렇게나 많다.

우리는 열정 혹은 고통을 통해서 배울 수 있다.

우리의 삶 속에 문제들이 있는 이유는 그 문제들로부터 뭔가를 얻기 때문이다. 나는 우리가 갖고 있는 문제들이 우리 자신에게 아주 심한 상처를 입혀도 이 이차적 이득 때문에 실제로는 안도감을 느낀다는 사실을 알게 되었다. 이차적 이득은 마주하기가 꺼려지거나 직면할 준비가 안 된 것으로부터 일시적으로 떨어져 있을 수 있게 해준다.

수년 동안 내가 과식을 한 것도 같은 맥락이었다. 나는 낭만적인 사랑을 간절히 원하는 나의 진실한 감정을 감추기 위해 과식을 했다. 음식에 탐닉하지 않으면 내가 외롭고 정말로 로맨스를 원한다는 사실과 마주해야 했기 때문이다.

이차직 이득은 결국 세 가지 범주, 즉 지유, 성취, 수용으로 요약된다. 이러한 범주들에서 자신이 뭘 얻고 있는지 알면 습관을 버리는 데 도움이 될 것이다. 자유롭거나 성취감이 느껴지거나 받아들여진다는 기분이 들면 욕구가 충족된다. 이것이 바로 핵심 욕망이고, 이차적 이득이 주려고 하는 것이다.

마사 벡에게 영감을 받은 후 내가 스스로에게 내린 솔루션은 나를 아끼는 시간을 설정하는 것이었다. 나는 하루에 10~15분을 투자해 내게 가장 필요한 것을 스스로에게 주는 데 전념했다. 자유를 간절히 원하지만 회사일이나 일정 때문에 꼼짝할 수 없을 것 같으면, 15분간 사무실 바깥을 산책했다. 성취감을 더 갖기를 원할 때는 세금 환급금으로 입지도 않을 새 옷을 사는 대신에 다음에 가려고 계획 중인 여행지의 경비로 저축했다. 자기를 수용하는 경험이 더 필요할 때는 타인에게 친절하려고 지나치게 애쓰지 않고 나 자신을 가장 먼저 돌보았다. 이런 것이 바로 '나 아끼기' 시간이다.

나는 매순간 이런 활동을 위한 계획을 세웠다. 특히 내게 가장 필요한 것은 나를 수용하는 경험이었다. 그것은 내 욕구 가운데 가장 큰 것이었다. 그래서 과거에 나는 위로받고 사랑받는 기분을 느끼려고 음식에 기댔었다.

일단 이런 사실을 발견한 뒤에는 내 욕구를 충족시킬 수 있는 다른 방법들을 찾아내기 시작했다. 수용을 원할 때 나는 하던 일을 모두 중단하고 털북숭이 애완견 터커와 길고 긴 포옹의 시간을 가진다. 이것은 내 과식 패턴을 치유하는 데 정말로 큰 도움이 되었던 강력한 훈련이었다.

마사 벡의 조언처럼 사랑과 관심을 가지고 자기 자신을 대하기 시작하면 절대로 사라지지 않을 것 같던 문제들이 약해지는 것을 느낄 것이다. 어떤 문제들은 완전히 사라지기도 한다. 자신의 이차적 이득을 알아보기 시작하고, 그 이차적 이득을 놓아버리는 데 집중할 때 한 가지 주의해야 할 것은 자신의 목표에 계속 초점을 맞춰야 한다는 사실이다.

대부분의 사람들이 자신이 잘하고 있고, 옳은 일을 하고 있다는 사실을 입증하기 위해 결과에 기대를 건다. 결과가 보이면 의욕적으로 계속 나아가게 된다. 그런데 결과가 안 보이면 일찌감치 꿈을 포기해버리거나, 좌절하고 분노하게 된다.

하지만 자기애로 가는 길은 우리의 바람대로 쭉 뻗어 있는 고속도로가 아니다. 때로는 결과가 곧바로 보이지 않을 수도 있다. 그렇기 때문에 결과에 연연하지 않고, 자기가 무엇을, 왜 원하는지에 집중해야 한다. 피트니스 코치와 트레이너들은 규칙적인 운동의 진짜 결과를 보려면 적어도 3~4주가 걸린다고 말한다. 새로운 습관을 들이는 데도 거의 30일이 걸린다.

원하는 것을 얻는 열쇠는 꾸준함, 인내, 타이밍, 그리고 믿음이다.

꾸준하게 하면 할수록 습관을 만들기가 더 쉬워진다. 그리고 꾸준함은 결과에 집착하지 않고 과정 자체를 즐기는 데서 나온다. 과정을 즐기려면 애초에 자신이 자기애 실험을 시작하게 된 이유에 초점을 맞추는 것이 좋다. 자기 자신을 일관되게 내보이면 결과를 보기 시작할 것이다. 계속 궤도 위에 있을 수 있게 해주는 것은 결과가 아니라 과정이다.

자기애 실험을 통해 이 사실을 경험했기 때문에 나는 인생에 대해서 '결과보다 이유'에 집중해야 한다고 강조한다. 이 개념을 잘 보여주는 강력한 사례가 바로 내가 이 책을 쓰고 있다는 사실이다.

책을 쓰는 동안 내 모든 불안과 솔직한 모습들이 새로운 문장으로 타이핑됐다. 나는 이 책을 읽을 사람이 아무도 없을까

봐 걱정했다. 사람들이 나쁜 서평을 쓰고, 출판사가 나를 끔찍한 작가로 여길까 봐 두려웠다. 믿기지 않겠지만, 이 모든 두려움들이 이 책을 쓰는 과정 내내 매일 불쑥불쑥 튀어나왔다. 나는 몇 달 동안 뱃속 깊숙한 곳에 그대로 머물러 있는 불편한 고통을 느꼈다. 그래도 계속해서 앞으로 나아갔다. 계속해서 나아갈 수 있도록 달성하기 쉬운 결과에 집중할 수도 있었다. 예를 들면 책의 진척이나 체중 감량, 데이트 신청을 하는 남자들을 만드는 것 말이다.

하지만 나는 타협하지 않았다. 그런 일이 원하는 만큼 빨리 일어나지 않아도 나는 글을 썼다. 사실 이야깃거리와 소재는 가시적인 성취에 있는 것이 아니라 내 마음속에 있었기 때문이다. 나는 결과가 쉽게 드러나지 않더라도 매일 사랑을 찾고 나의 건강에 집중했다. 때로는 우주가 당신의 새로운 바람을 따라잡기까지 꽤 오랜 시간이 걸리기도 한다.

지금 벌어지는 일에 정신이 산만해져서는 안 된다. 일어날 가능성이 있는 일에 집중해야 한다. 온전히 원하는 것에 집중해야 한다.
결과에 집중하지 않고 내가 자기애 실험을 하는 이유에 초점을 맞췄다는 것은 매우 지혜로운 선택이었다. 그리고 그 과정을 이렇게 책으로 쓰지 않았다면 나는 내가 가야 할 참된 길을 존중하지 않았을지도 모른다. 오만 가지 수단을 다 써보지도 않았을 것이다.

이 책의 결과, 그러니까 이 책이 독자들에게 어떻게 가닿을지는 내가 어찌할 수 없는 부분이다. 하지만 내가 글을 쓰는 이유는 그래야만 했기 때문이다. 나는 결과에 대해서는 전혀 통제할 수 없지만 과정 안에 존재할 수는 있었다.

매일같이 날마다, 한 자 한 자 계속 글을 쓰자 책이 서서히 하나로 합쳐졌다. 내가 실천하고 있는 것과 공유하고 있는 것을 쓰면서 나는 자기애를 발견했다. 나는 그 과정을 믿었다. 단어들이 왜 그토록 나오기가 힘든 건지 의아해하면서 컴퓨터 화면을 뚫어져라 응시하던 순간들도 있었다. 어떤 날에는 너무 좋다고, 이 책이 아주 훌륭하다고 생각했다가, 얼마 뒤에는 끔찍한 책이라는 생각이 들곤 했다. 책과 메시지 전체가 쓰레기처럼 느껴졌다. 두려움이 발목을 잡았다. 두려움은 내 안으로 들어와서 책 쓰는 일을 그만두게 하려고 안간힘을 썼다.

실제로 그렇다. 영감에 따라 행동하면서 결과보다는 과정 자체에 집중하는 삶을 살면, 우리의 에고는 우리가 하는 일을 당장 그만두게 만들려고 할 수 있는 모든 짓을 다 할 것이다.

이때가 바로 소매를 걷어붙이고 자신이 그것을 하게 된 이유로 돌아가야 할 때다.

우리는 결과가 아니라 경험을 위해서 뭔가를 한다.

우리의 에고는 그럴 듯한 결과를 원하지만 우리의 영혼은 경험 자체를 갈망한다. 그래서 나는 책을 쓰는 과정, 즉 내가 스스로 전념했던 자기애 실험에 완전히 항복했다. 모든 기대를 놓아버리자 단어들이 술술 나왔다. 다 내가 결과를 놓아버리고 과정에 집중한 덕분이었다.

나의 작가 친구 중 하나는 〈뉴욕 타임스〉 베스트셀러 작가가 되기 위해 다음 책을 쓸 거라고 말했다. 또 다른 친구는 더 많은 고객을 유치하고 더 유명해지기 위해서 테드 강연의 연사가 되고 싶다고 말했다.

이런 얘기를 들을 때마다 나는 친구들이 걱정스럽다. 그들이 내가 과거에 했던 행동, 바로 자신의 꿈에 기대를 덧씌우고 있다는 것을 알기 때문이다. 다른 뭔가를 얻으려고 하면 목적을 쉽게 망각하고 만다.

경험은 그냥 그 자체로 보상이다. 결과는 그보다는 중요하지 않다. 목표를 향해 과정을 만들어내고, 노력하고, 실행하는 것을 통해서 진짜 배움과 성장이 일어난다. 눈부시게 아름다운 과정의 면면들을 간과해선 안 된다.

정말로 자기에에 이르는 한 가지 방법은 스스로 과정에 전념하는 것이다. 자신이 사랑하는 일의 과정, 자기 돌봄의 과정, 그리고 여정의 과정에. 중국 속담처럼 여정은 보상이다. 한 번에 한 순간씩, 한 걸음씩, 나의 이유가 나를 앞으로 움직이게 만들 수 있다. 결과보다는 이유가 더 중요하다. 이유가 자신을 이끌도록 해야 한다. 자신이 이 과정에 있는 이유가 무엇인지 스스로에게 물어봐야 한다.

일단 자기 자신과 더 가까워지고 자기 자신에게 전념하기 시작하면 주변 사람들도 그 변화를 감지하게 된다. 광고회사를 관뒀을 때 나는 현재의 상황이 그대로 유지되기를 바라는 남자와 동거하고 있었다. 그와 사귀는 동안 나는 여행 작가가 되었고, 여러 지역 신문에 기고하기 시작했다. 내가 바라는 인생과 원하는 것이 뚜렷해지기 시작했다. 그러자 이것이 관계에 갈등 요소가 되었다. 그 남자는 안락하고 익숙한 일상에 그대로 있고 싶어 했다. 하지만 나는 더 이상 예전의 내가 아니었다. 나는 과거의 자아보다 더 성장했다. 내가 코칭 고객들에게 늘 하는 얘기가 바로 '튕겨 나오기'라는 개념이다.

자신의 에너지가 더 이상 주변 사람들이나 상황과 맞지 않을 때가 바로 튕겨 나와야 할 순간이다. 나의 경우 회사를 관두고 자유를 갈망하게 된 것이 튕겨 나간 시점이었던 것 같다. 나는 그 남자를 무척 사랑했지만 서로의 관점과 선택이 충돌하는 것은 어쩔 수 없었다. 그래서 많이 싸웠고 잠 못 드는 밤이 많아졌다. 나는 몹시 갈등했다. 한 인간으로서 성장하고 있었고 정신적으로 더 많이 깨우치게 되면서 나와 함께 갈 수 있는 동반자를 원했다. 그리고 곧 다음의 사실을 알게 되었다.

변화할 때 모든 사람과 함께 갈 수는 없다.

그와의 관계를 지키고, 우리가 함께 만든 상자 안에 나를 억지로 집어넣으려고 몇 달 동안 고군분투했지만 내 욕망과 욕구는 이미 달라진 지 오래였다. 마침내 나는 관계를 정리할 수 있을 정도로 용기를 냈다. 그때껏 내가 겪은 일 가운데 가장 힘든 일이었다. 나는 우리가 잘되기를 바랐고 그 사람이 내 운명의 짝이기를 바랐다. 하지만 내가 자기애를 더 깊게 실천하면서 한때 사랑했던 사람들을 포함해서 몇몇 사람들과 멀어지게 되었다. 그 남자를 사랑했지만 나는 나를 더 사랑했다. 내 인생이 향하고 있는 방향을 존중해야 했다. 미래의 자아를 위해서 내가 할 수 있는 최선의 행동은 그 관계를 놓아버리는 것임을 알고 있었다.

놓아버리지 않으면 안 되는 일에 계속 매달려 있을 수는 없다.

결국 인생의 새로운 방향을 존중하고 싶은 나의 욕망이 똑같은 상태에 머물고 싶은 욕망보다 더 강해졌을 때 티핑 포인트가 찾아왔다. 모든 사람들은 이 지점, 자신의 미래와 충돌하는 과거와 직면하는 지점에 이르게 된다. 한때 옳다고 느꼈던 것으로부터 튕겨 나오는 것은 실수를 하거나 궤도에서 벗어난다는 의미가 아니다.

변화되어야 한다는 것을 알면서도 상황에 그대로 머무는 인생은 스트레스를 유발한다. 내면의 안내자가 당신을 이끌고 있으니 두려움에 직면했을 때조차도 내면의 목소리의 안내를 받아 결단을 내려야 한다.

물론 나 역시 내가 그토록 열심히 애써온 것을 놓아버리기가 두려웠다. 하지만 내면의 목소리가 너무 커져서 더 이상 그 목소리를 무시할 수가 없었다. 나는 남자친구와 관계를 정리했고, 새로운 삶의 현장으로 더 깊이 뛰어들었다. 만약 내가 힘차게 튕겨져 나온 그 상황 속에 계속 머물렀다면 나는 안주하고 말았을 것이다. 그러니 인생의 고유한 국면들은 존중받아 마땅하다. 튕겨 나오는 것은 대개 나쁘지 않다. 영혼은 성장하고 있으므로, 튕겨 나오는 것은 그저 예전보다 더 성장했다는 뜻이다.

과거의 자아는 대체로 현 상태를 고수하려고 애쓰면서 필사적으로 움켜쥘 것이다. 하지만 결국 새로운 자아가 빛나게 된다. 자신이 중요한 존재라는 것을 믿고, 내면의 확신을 계속 존중해야 한다. 무엇보다 자신의 욕망과 욕구가 중요하다는 것을 명심해야 한다.

모든 것은 언제나 순리대로 된다. 변화에 대한 욕망은 똑같은 상태에 머물고자 하는 욕망보다 틀림없이 더 위대하다.

살면서 뭔가 더 성장하고 튕겨 나온 기분이 든다면 그건 좋은 징조이다. 바라던 존재로 성장했다는 뜻이기 때문이다. 그러니 자신만의 인생 리듬이 우아하게 펼쳐질 수 있도록 변화를 받아들여라. 튕겨져 나오는 것은 축복이다.

아직 내게 오지 않은 것들을
끌어당기는 방법

자기애 실험을 해나갈 때 명심해야 할 것은 현재가 내일보다 더 중요하다는 사실이다. 현재는 어제보다 중요하다. 내일에 영향을 미치고 목표에 도달할 수 있는 유일한 방법은 오늘 내가 가진 습관들을 드러내고 거기에 사랑을 쏟아붓는 것이다.

나는 아트 인스티튜트 오브 포틀랜드Art Institute of Portland에서 시간강사로 글쓰기, 대중 연설, 광고를 가르치고 있다. 첫 수업 시간에 나는 학생들에게 재능이나 기술에 대해 등급을 매기지 않는다고 말한다.

"너희들이 옆에 있는 학생들과 어떤 식으로 비교하는지에 나는 관심 없다. 너희들만의 고유한 잠재력에 대해서, 너희들이 할 수 있는 만큼 최선의 노력을 기울이고 있는지에 대해서

만 점수를 매길 것이다."

이 말은 언제나 몇몇 학생들의 허를 찌른다. 특정한 그래픽 디자인 기술에 유난히 재능 있는 학생들이 있다. 하지만 이런 학생들 중에는 게으름을 피우거나 태만해지는 이들이 있다. 수업 시간에 나는 이 학생들이 익숙한 상태에 머물지 않고 새로운 기술을 시도할 수 있도록 밀어붙인다. 그런가 하면 그래픽 프로그램에 자신이 없거나 원고나 특집 기사 쓰기를 두려워하는 학생들도 있다. 이런 학생들에게는 두려움을 넘어서서 그냥 한번 해보라고 독려한다. 두 부류의 학생들 모두 최선을 다해서 노력하고, 자신의 한계를 넘어서까지 밀어붙인다면 나는 A학점을 준다. 하지만 어떤 이유에서건 변화의 과정에 있지 않은 학생들에게는 관용을 베풀지 않는다.

나는 학생들에게 지금 여기서 하는 행동이 인생을 사는 자기 모습이라는 사실을 상기시킨다. 대학 밖의 현실로 진입하는 것과 오늘 자신의 현실은 결코 별개가 아니다. 많은 학생들이 좋은 직장을 얻는 데 에너지를 쓰느라 정작 학교 수업은 예행연습 정도로 취급한다. 하지만 그런 삶에 대한 태도가 대학을 졸업하고 나서도 똑같이 이어진다는 사실을 아는 사람은 드물다. 목표 체중이 되는 것, 꿈꾸는 관계를 맺거나 빚이 없는 상태가 되는 것, 완벽하게 만족스러운 일을 찾는 것을 너무나 원하는 나머지 지금 이 순간을 무시하거나, 현재에 해야 할 죄소한의 것만을 수행하는 이늘이 있다.

하지만 인생에서 보상받기를 원한다면 지금 현재에 더 오래 머물면서 자기 자신을 더 내보여야 한다. 지금 여기가 중요하다. 변화의 기술은 정말 바라는 결과로 이어지는 인생의 모험이다. 내 수업을 듣는 A학점 학생들과 마찬가지로 지금 들이는 노력, 지금 추구하는 잠재력이 인생을 더 멋지게 만든다.

실패는 더 큰 인생 계획의 일부다.

먹는 것에 대해 조절하지 못하고 과식을 한 날, 체중계 위의 몸무게가 내려가지 않을 때, 나는 나 자신을 자책했다. 나는 좌절했고 나에게 극도로 화가 났다. 또 하루가 무의미하게 지나갔고, 나는 궤도에서 벗어난 기분이 들었다.

그런데 그 순간, 내가 내 감정들 안으로 깊숙이 뛰어들어 나 자신에 대한 실망감을 놓아버렸을 때 내 모든 것을 바꿔버린 어떤 변화가 일어났다. 내 안의 목소리가 내게 이렇게 말하는 소리를 나는 들었다.

"섀넌, 넌 네가 있어야 할 바로 그 자리에 있어. 이 모든 게 계획된 거야."

그때 다른 사람들에게 자기애를 가르치고, 사람들이 자기 자신과 사랑에 빠지도록 돕는 내 모습이 마음속에 불현듯 떠올랐다. 나는 실패가 나를 좌절시키거나 자책하려고 거기에 있는 것이 아니라 더 큰 계획의 일부, 이상하고 기이한 사건을 통해서 고통의 중요성을 알게 하려는 우주의 소명이라는 것을 깨달았다. 모든 고통에 목적이 있다면, 내가 궤도에서 벗어나는 일은 있을 수 없다. 내가 경험하고 있는 모든 것이 순리에 따른 일이기 때문이다.

실패와 감정적 좌절, 두려움, 불만, 이 모든 게 다 인간 존재의 일부분이다. 가장 깊은 곳으로부터 달아나서 마치 그런 감정을 경험하면 큰일 날 것처럼 느끼면 그런 인식으로 인해 비극적인 결과를 초래하게 된다. 고통 속에 빠졌다는 사실을 문제로 보지 말고 그 감정에 깊이 뛰어들어라. 스스로 감정적 수용 능력의 가장 깊은 곳까지 가게 되면 진정으로 경이로운 일이 일어난다.

자기애 실험의 여정에 있다 보면 어느 순간 자기가 붙들고 있는 것들을 놓아버리고 뛰어들어야 하는 시점이 온다. 이해하려 하지 말고 인생의 모험 속으로 깊숙이 뛰어들어야 하는 순간. 그럴 때는 매 순간의 경험 속에 충분히 들어가서 느껴야 한다. 그래야 얻어야 할 것을 얻을 수 있고, 드러나야 할 것이 드러날 수 있다. 그렇게 했을 때 실패 안에 아무 제약 없는 눈부신 진짜 아름다움이 있다는 사실을 경험하게 된다.

말하자면 실패든 성공이든 경험하고 있는 모든 것이 더 큰 계획의 일부라는 뜻이다. 어떨 때는 한 발짝도 앞으로 나아가지 못하는 듯한 기분이 들 때도 있다. 노력과 결과가 일치하지 않는다는 사실에 실망감을 느낄 때도 있다. 이런 일이 일어날 때 자신이 생각하는 것보다 더 정상 궤도에 있다는 사실을 기억해야 한다. 이것이 바로 변화의 기술이고, 내가 실패 속의 아름다움이라고 부르는 것이기도 하다.

우리의 고정관념과 달리 좌절과 불안, 실패는 전부 다 삶을 가능한 한 많이 끌어안으면서 그 속으로 완전히 뛰어들게 하려고 계획된 것이다. 그러니 실패의 순간에, 절망의 시기에 자기 자신이 울고, 상처 입고, 느낄 수 있게 놔두어라. 이러한 무너짐의 순간들 속에서 진정한 아름다움, 삶에 대한 우리 자신의 진실을 발견하게 될 테니까.

당신이 원하는 것 역시 당신을 원한다는 사실을 기억하라.

인생에서 일어나는 모든 일은 자신의 에너지에 부합되는 결과들이다. 우리는 우리가 집중하는 대로 된다. 수년 동안 내가 못생기고 뚱뚱하다고 느꼈을 때 나는 체중이 느는 것을 통제할 수 없었다. 내가 집중한 대로 되었다.

그러다 자기애 실험을 시작했고, 내가 연민과 자기 존중을 발견하게 되자 나의 에너지는 더 고양되기 시작했고 빛으로 가득해졌다. 더 균형 잡히고 건강한 삶을 위해 노력하게 되면서 내 몸 역시 내가 바라던 컨디션 상태가 되기를 바라게 되었다. 나는 점점 더 참 자아에 부합하는 것 같았고, 내가 더 아름답고 행복하게 느껴졌다. 인생이 훨씬 더 감당할 만해졌다. 이런 변화가 가능했던 이유는 내가 참된 욕망과 나의 핵심 소망에 부합하는 상태였기 때문이다.

에스더 힉스Esther Hicks와 제리 힉스Jerry Hicks는 '끌림의 법칙'의 토대인 '아브라함의 가르침'을 사람들에게 교육하면서 이렇게 말했다.

"오직 두 가지 상황이 존재할 뿐이다. 원하는 것과 원하는 것의 부재."

이 말은 사람들이 뭔가를 원하면서도 원하는 것에 초점을 맞추지 않고, 어째서 원하는 것이 실현되지 않는지에 더 초점을 맞춘다는 뜻이다. 진정으로 원하는 것을 현실에 불러오려면 반드시 자신의 에너지를 그 욕망에 맞춰야 한다. 이는 정말 원하는 것이 이미 여기 있는 것처럼 행동하고 처신한다는 의미다.

내가 남자와 연애를 하고 싶어 하고 사랑에 빠질 준비가 됐다는 것을 알게 됐을 때 나는 더 이상 외로움을 느끼지 않았고, 어쩌다 싱글이 되었는지 자책하는 데 초점을 맞추지도 않았다. 오히려 나는 사랑받고 보살핌을 받는 느낌 속에 있었다. 이런 경험을 통해서 잠재적인 구혼자들을 훨씬 더 쉽게 만날 수 있었다.

당신이 인생에서 무엇을 원하건 마찬가지다. 어째서 원하는 것이 여기 없는지에 집중하면 원하는 것은 당신의 손 닿는 곳 바깥에 계속 머물 뿐이다. 갈망하는 것이 나타나게 하려면 인생에서 간절히 바라는 것을 갖게 된 느낌에 자신의 관심을 온전히 옮겨야 한다.

사람들은 대체로 잘되지 않는 것에 집중한다. 결함과 불만에 초점을 맞추면서 몇 년, 심지어 몇십 년을 보낸다. 문제에 관심을 두면 그 문제가 계속해서 가장 중요한 위치에 있게 된다. 문제에 가장 중요한 자리를 내주지 않도록 주의해야 한다. 인식을 전환하려면 좋은 것에 초점을 맞춰야 한다. 나는 이것을 '좋은 점 움켜잡기'라고 부른다. 나는 자기애 실험을 하는 동안 나에 관한 좋은 점들을 발견했고 거기에 초점을 맞췄다. 그러자 더 이상 나의 관심을 골치 아프고 부정적인 문제들에 쏟지 않게 되었다.

문제에 집중하기를 멈추면 문제가 사라진다.

이 책을 쓰는 내내 우리에겐 아무 문제가 없다는 사실을 강조했다. 내 몸은 문제가 아니다. 사실 나는 내 몸을 무척 사랑하고, 몸의 아름다움에 찬사를 보낸다. 내가 문제에 집중하는 대신 내가 정말 원하는 욕망에 초점을 맞췄기 때문이다.

여전히 인생의 한 부분, 불안이나 결점과 싸우고 있다면, 그런 상황에 자신의 열정을 쏟지 않도록 할 수 있는 모든 것을 해야 한다. 자기 인생에서 잘 돌아가고 있는 것으로 관심을 돌려야 한다.

나는 내가 사랑하는 삶의 영역들에 더 집중하는 법을 배웠다. 나는 내 일을 사랑한다. 세계 어디서든 일하고 놀 수 있는 내 직업을 좋아한다. 내가 경험한 것을 글로 쓰고, 사람들이 자신의 진실을 찾도록 돕는 강사가 된 것이 짜릿할 정도로 좋다. 이것은 나의 소명이다. 그래서 나를 받아들일 때 그랬던 것과 마찬가지로 내가 고군분투하던 인생의 영역에서도 초점을 옮기는 시도를 해보았다.

일단 내 몸무게와 불안에 대해서 완전히 관심을 꺼버렸다. 사람들이 다이어트에 관해서 이야기하면 끼어들지 않았다. 대신 내 모든 관심을 내 인생, 내 일, 나의 사랑과 여행에 쏟아붓고 잘되고 있는 일들에 집중했다. 놀랍게도 이런 에너지는 전염성이 강하다. 그 에너지는 내가 부족함을 느끼곤 했던 부분들에게로 퍼져나갔다.

나는 잘되고 있는 영역뿐 아니라 내 몸과 나의 연애에서도 더 평온한 감정을 느끼게 되었고, 밖에 나가서 더 많은 사람들을 만나고 다시 데이트를 하기 시작했다. 나에게 좋은 쪽으로 집중했더니 일이 더 잘 풀렸다. 나 자신이 진정한 욕구와 욕망에 더 부합하는 상태였기 때문이다.

이처럼 인생에서 우리가 갖고 있는 문제들을 좁은 시야로 보지 않게 되면 문제들이 스스로 잘 풀릴 수 있다. 평온함과 기쁨을 더 많이 느끼게 된다. 집착하고 있는 문제가 있다면 그것들의 좋은 점들로 관심을 돌려보라. 좋은 점을 움켜잡고, 인생에서 잘 돌아가고 있는 일에 집중하며, 문제에 관해 생각하기를 그만둘 수 있는 일이라면 무슨 일이라도 하라. 관심을 거두면 문제 역시 사라진다.

우리는 원하지 않는 것에 몰두하는 대신에 정말로 원하는 것을 끌어들이는 데 능동적으로 참여해야 한다. 결점이나 싫어하는 것에 초점을 맞추지 말고, 오직 잘되고 있는 것만 보도록 스스로 시야를 좁혀야 한다. 좋은 점에 집중하면서 기쁨의 에너지가 넘치는 떨림에 부합하기로 선택하면, 끌림의 법칙이 당신에게 유리하게 작동할 것이다. 유일하게 해야 하는 일은 좋은 것에 집중하고 좋은 것을 움켜잡는 것이다. 그러면 직관과 돌파구를 얻게 될 것이다.

모든 사람들이 자기계발서를 읽고, 강좌나 워크숍에 참가하고, 조언을 구하고, 노력하는 이유는 자신의 삶을 개선해줄 깨달음, 즉 직관을 얻기 위해서다.

직관은 찰나의 명료함을 갖게 되는 정신적 순간이다. 직관은 앞으로 진격하고, 인생에서 성취감 없는 측면들을 바꾸라는 영감을 주고 동기를 부여한다.

하지만 모든 직관이 다 똑같은 과정을 거쳐 우리에게 오는 것은 아니다. 어떤 경우에는 직관을 얻기 위해 내면 깊은 곳을 살펴야 한다. 직관이 생기는 순간은 특별하다. 하지만 중요한 것은 직관 자체가 아니다. 그런 명료함을 바탕으로 우리가 어떤 행동을 하느냐 하는 것이다. 대부분의 습관은 생활 속에 너무 깊이 박혀 있어서 웬만한 자극이 아니고서는 바꾸기 힘들수 있다. 하지만 직관은 상황과 자기 자신을 새로운 시각으로 보지 않을 수 없게 만든다.

이때 필요한 것이 바로 용기다. 직관을 실행하기 위해서 행동을 취할 때 진정한 변화가 일어난다. 내 인생에서의 직관은 나 자신과 연관된 수치심과 죄책감을 날려 보냈을 때 찾아왔다. 나는 나의 욕망과 욕구 혹은 외모에 대해서 변명하기를 멈췄다. 그러자 자유로워졌다. 살아 있음을 느꼈고 진정한 자아에 진실하다는 사실에 흥분했다.

중요한 것은 멈추는 것이다! 깨달음의 순간에 이르려는 노력을 멈춰라. 깨달음이 자기 삶 속에서 일어나게 놔둬라. 자기애에 이르는 과정도 마찬가지다. 더 빨리, 더 효율적으로 자기애에 이르려는 모든 노력을 멈춰야 한다. 그것이 그저 시나브로 일어나도록 둬야 한다. 낭만적인 사랑을 찾으려는 노력을 멈춰라. 그것이 저절로 일어나게 놔둬라. 꿈을 좇는 것을 멈춰

라. 꿈이 자신에게 찾아오도록 하라.

빛나는 깨달음의 순간은 모든 것을 이해하려는 노력을 멈출 때 온다. '쳐다보고 있지 않을 때' 운명의 사랑을 찾았다고 말하는 여성들의 얘기를 들어본 적이 있을 것이다. 우리가 원하는 것을 얻는 방식은 그와 같다. 그것에 집착할 때가 아니고, 얻으려고 무진장 노력할 때가 아니고, 그저 그것이 일어나도록 두었을 때 문득 찾아온다.

원하는 것에 너무 많이 집착하고 집중하기를 그만두면 원하는 것이 올 수 있다.

내 몸무게도 마찬가지였다. 내가 기쁨과 사랑에 초점을 맞추고 체중계 숫자와 음식에 대한 강박관념에 주의를 기울이지 않게 되자 자연스럽게 몸무게가 9킬로그램 넘게 빠졌다. 일이 저절로 일어나도록 두는 것의 묘미를 알고 나서는 대단한 직관을 발견하려고 애쓰는 대신 인생을 더 열정적으로 살기 시작했다.

그러다 깨달음의 순간이 찾아오면 그 깨달음을 자기 인생에 적용해야 한다. 수동적인 구경꾼이 되어서 인생의 변두리에 있지 말고 인생 속에 완전히 뛰어들어서 매 순간을 끌어안아야 한다. 직관은 진정한 자아에 부합하도록 도와주는 명료한 순간이다. 명료한 순간은 존재의 핵심을 건드리고, 그러면 그것으로 인하여 인생이 영원히 바뀐다.

진정한 직관은 변화를 만들어낸다. 당신은 직관을 발견하기 전의 그 사람으로는 되돌아갈 수 없다.

하지만 아무리 멋진 직관의 순간을 경험했다 해도 실천하지 않으면 아무 소용이 없다. 반드시 새로운 깨우침을 실행에 옮기고 그것을 반복되는 일과에 통합시켜야 한다.

자기애와 관련해서 내가 얻은 직관은 나에게 아무 잘못이 없다는 사실을 깨닫는 것이었다. 나는 바뀔 필요가 없었다. 나는 마른 몸을 추앙하는 세상에 살고 있는 뚱뚱한 소녀다. 그렇다고 해서 내가 잘못된 존재, 사랑스럽지 않은 존재가 되는 것은 아니다.

우리가 목표해야 할 것은 남들의 기준으로 봤을 때 내게 최선인 것이나 세상 사람들이 이상적이라고 하는 것이 아니라 자신의 참 자아와 균형을 이루는 것이다. 마음의 중심에 자기 자신을 두어야 한다. 그에 따른 보상은 자신과 사랑에 빠진 인생을 사는 것이다. 자기 영혼의 리듬을 존중하는 것이다.

내가 자기애 실험을 하면서 발견한 여덟 가지 직관을 여러분과 공유한다. 이 직관들은 내 인생을 더 나은 쪽으로 변화시켰다. 당신에게도 도움이 되면 좋겠다.

여덟 가지 필수 직관

1. 당신은 사람들이 말하는 당신이 아니다.

우리는 두 가지 선택을 할 수 있다. 남들이 자기 자신을 정의 내리고 자신이 어떤 사람인지 말하게 놔두는 것, 그리고 그 사람들에게 당신의 진짜 모습을 보여주는 것. 중요한 것은 스스로 자기 자신에 대해 어떻게 느끼고 말하고 있느냐 하는 것이다. 당신으로 존재하라. 세상은 있는 그대로의 당신을 필요로 한다.

2. 플랜B(대안)가 종종 플랜A(원안)보다 낫다.

인생에서 가장 자유로운 순간은 자신에게 최선이라고 생각하는 것을 놓아버리고, 진실로 필요한 것을 우주가 보여줄 수 있게 할 때다. 더 이상 긍정적으로 작동하지 않는 일이나 관계, 못 이룬 꿈에 매달리지 말라. 한때 아무리 가슴을 뛰게 했더라도 지금 힘든 일처럼 느껴지고 이로움보다 고통을 더 많이 초래하고 있다면 이제 그것을 놓아줄 때다. 마음을 따라가라.

3. 당신은 체중계의 숫자가 아니다.

지금 우리가 인생의 막바지에 있다면 몸무게 투쟁, 음식 전쟁, 새로운 다이어트에 대한 집착, 특정한 방식으로 사람들에게 보이기 위한 노력은 부질없는 일이 될 것이다. 중요한 것은 겉으로 드러나는 것이 아니다. 자신이 사람들에게 어떻게 보이는지보다 사람들에게 혹은 자기 자신에게 어떻게 느껴지는지가 중요하다.

4. 여정이 목표보다 더 중요하다.

목표를 달성하는 것은 중요하다. 하지만 목표에 이르지 못했다 해도 변화하고 성장하는 것, 배움의 실질적인 과정에 있고, 되어야만 하는 존재로 변화하고 있는 과정 자체도 멋지고 달콤한 경험이다. 보상만큼 여정을 즐겨라.

5. 혼자 있는 것은 외롭다는 뜻이 아니다.

홀로 있게 될 것이라는 두려움이 많은 사람들을 안주하게 만든다. 하지만 자기 자신의 진짜 동반자, 내면의 자신을 사랑하는 법을 배우면 진짜 외로워질 일은 절대 없다는 사실을 알게 될 것이다.

6. 무슨 일이든 결코 다 끝나지 않는다.

할 일 목록, 하기 싫은 일들, 마무리하기 위해 바쁘게 돌아다니는 일들은 결코 끝나지 않는다. 그게 인생이다. 하기 싫은 일과 할 일 목록은 끝없이 계속될 것이다. 그러니 최종 결과에 초점을 맞추는 대신 과정 안에 있으면서 자신이 성취한 것을 축하해야 한다.

7. 감정적 고통은 우리가 무엇을 바꿔야 하는지 알게 하려고 나타난다.

슬픔이나 우울감, 속앓이는 인생을 더 깊이 살피라는 다정한 암시다. 제대로 굴러가지 않는 일을 살펴보고 인생을 살아가는 새로운 방식을 순순히 받아들여라. 어느 날 모든 게 이치에 맞다는 사실을 알게 될 것이다.

8. 목표를 찾을 필요가 없다. 목표가 당신을 찾을 것이다.

과거의 자신과 현재의 자신 사이에 놓인 과도기는 고통스러울 수 있다. 하지만 목적을 찾는 여정이 진행되는 동안 고통 속에 목적이 있다는 사실을 알아둬야 한다. 당신이 취하는 모든 행동 하나하나가 진정한 자아가 될 수 있도록 돕고 있다. 후회하거나 저항하는 대신 내면으로 눈을 돌리고 기쁨으로 가는 여정을 끌어안으려고 노력하라.

많은 사람들이 인생의 특정 영역을 통제하려고 애쓰는 데 묶이게 된다. 그리고 결과에 집착한다. 이상적인 남자친구를 만나려고 너무 애쓰고 있거나 진행 중인 프로젝트의 결과를 통제하려고 안간힘을 쓰고 있을 수도 있다. 결과에 집착하고 걱정할 때 쉽게 빠져드는 패턴이다.

자기애 실험을 하면서 나는 우연히 발견하게 되는 최선의 해결책이 존재한다는 사실을 알게 되었다. 그 해결책은 당신이 최선이라고 생각한 것과는 다를 수 있다.

원하는 것을 항상 얻지는 못할 수도 있다. 하지만 필요한 것은 언제나 얻을 것이다.

일이 계획대로 진행되지 않거나 결과가 분명하게 보이지 않을 때 희망에 찬 상태를 어떻게 유지할 수 있는지가 진짜 질문이 된다. 우주는 당신의 계획보다 더 위대한 계획을 고안해 내고, 일어나는 모든 일들은 언제나 당신의 최고선을 위한 것이라는 사실을 알게 되면 인생의 자연스러운 리듬을 좀 더 편안하게 받아들일 수 있게 된다.

어쩌면 원하는 결과를 보지 못할 수도 있다. 하지만 현재 진행 중인 일을 걱정하지 말라. 모든 관심을 원하는 것에만 집중하라. 면밀하게 파악하고 정확하게 보려는 욕구를 놓아버려라. 대신에 보고 싶은 결과에 에너지를 집중하라. 원하는 것에만 초점을 맞추면 설사 그 과정에서 거부당한다 해도 당황하지 않을 것이다. 결과에 집착하지 않았기 때문이다.

게다가 원하는 것에 초점을 맞추는 데 온통 전념하면 그것을 훨씬 더 빨리 손에 넣을 수 있다. 이때는 꿈의 타이밍을 믿는 게 중요하다. 욕망이 실현되는 타이밍이 존재한다.

모든 일은 적재적소에 일어난다.

모든 일에는 우주의 타이밍이라는 게 있다. 내 입장에서는 다음 책이 언제 나오는 게 좋을지 때를 안다고 생각할 수 있다. 하지만 우주는 언제나 더 위대한 계획을 갖고 있다. 내 관점에서 소울 메이트를 만나는 최적기가 있다고 믿을 수 있다. 하지만 우주는 언제나 우리의 계획보다 더 위대한 계획을 품고 있다. 인생을 살아가고, 진실을 행하는 데 실수란 존재하지 않는다는 점을 명심해야 한다. 모든 것은 늘 올바른 순서대로 존재하고, 제자리에 있지 않은 것은 하나도 없다.

자기애 실험을 하는 동안 내가 싱글인 채로 있는 것을 걱정하고 도대체 사랑을 찾을 수 있기는 한 건지 의문이 들 때면 나는 자신에게 이런 말을 했다.

"섀넌, 넌 궤도에서 벗어나지 않았어. 넌 실수를 저지를 수 없어. 너에게 옳고 너를 위해 계획된 일이 적절한 때에 올 거야."

아직 드러나지 않은 뭔가가 일어나기를 바란다면 꿈이 실현되는 신성한 타이밍이 존재한다는 사실을 알아야 한다. 덧붙여 당신은 여전히 꿈을 실현할 수 있는 바로 그 존재가 되어가는 중이다. 명심하라. 당신이 원하는 것 역시 당신을 원하고 있다는 것을.

3 자기 자신을 내보이기
자기애 실험 3개월 차

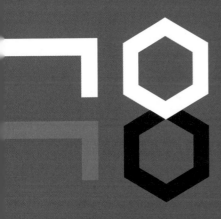

기간 : 총 1개월
목표 : 마음을 내보이는 연습

자신의 몸을
있는 그대로 내보이기

자기애 실험을 진행하면서 나와 내 몸의 관계는 근본적으로 철저하게 바뀌었다. 요즘 내 인생은 자기애 실험 전과 비교했을 때 몰라보게 달라졌다. 자기 몸을 돌보기 시작하면 몸을 사랑하는 일이 자연스러워진다. 이제 나는 모든 성분 표시를 읽고, 대체로 설탕을 피하며, 아이스크림도 한두 입만 먹고 끝낼 수 있다. 내 몸은 적당한 움직임과 건강한 유기농 음식을 갈망한다. 나는 더 이상 음식에 집착하거나 걱정하지 않는다. 대신 내 인생을 오롯이 즐기며 산다.

자기애 실험 3개월 차에 접어들었을 때, 나는 자기 자신과 소통하는 것의 궁극적인 목적은 그것을 세상에 드러내기 위해서라는 사실을 알았다. 우리는 모두 70억 분의 1만큼의 고유성을 가지고 태어났다. 이 세상에 온 이유는 다름 아닌 그 고유함을 세상에 선물하기 위해서다. 그러니 자기를 사랑한다는 것은 자신을 온전히 드러내는 것으로 완성된다. 실제로 그 드러냄을 통해서 마법 같은 일들이 펼쳐진다는 것을 나는 경험으로 알게 되었다.

자신을 드러낼 때 가장 중요한 것은 존중과 사랑으로 자신을 대해야 한다는 사실이다. 나는 조심스럽게 내 몸을 드러내는 것부터 시작했다. 처음에는 어색했지만 주위를 둘러보면 자기 몸에 당당한 롤모델들이 적지 않다. 잘 알려진 사람들이나 지인들 가운데 음식과 긍정적인 관계를 맺고 있는 사람들을 떠올리고 그들에게서 배우면 된다.

긍정적이고 몸에 당당한 사람들을 따라하다 보면 몸과 탄탄한 관계를 확립하기가 더 쉬워진다. 자기 자신과 자신의 몸을 사랑하도록 영감을 주는 사람들을 떠올리는 것도 좋다. 가령 싱어송라이터 메건 트레이너Meghan Trainor 같은 사람을 들 수 있다. 그녀는 팝송 '올 어바웃 댓 베이스All About That Bass'로 널리 알려졌는데, 이 곡은 타고난 자기 자신을 받아들이도록 여성들에게 영감을 주었다.

2016년에 트레이너는 '미 투Me Too'라는 곡의 뮤직 비디오를 처음 선보였는데, 이 뮤직 비디오가 순식간에 내려져서 팬들을 놀라게 했다. 나중에 트레이너는 스냅챗을 통해 그 내막을 밝혔는데, 그 이유가 인상적이었다. 트레이너는 뮤직 비디오에 말도 안 되는 보정을 하는 바람에 자신의 몸이 실제와 너무 달라서 도저히 그냥 올려둘 수 없었다고 한다. 그 말은 그녀가 있는 그대로의 자기 자신과 자신의 외모를 자랑스럽게 여기고 있다는 의미였으며, 우리 자신 또한 있는 그대로 아름답다는 메시지를 전하고 있다.

자기 몸을 받아들이는 데 가장 큰 장애물 가운데 하나는 몸에 대한 부정적인 생각이다. 대부분의 사람들은 인생 문제에 감정적으로 자책하면서 자기 몸을 탓하는 데 너무 많은 시간을 허비한다. 우리 몸은 사랑을 담는 아름다운 그릇이다. 우리는 있는 그대로 우리 몸을 받아들여야 한다.

부정적인 에너지는 미움을 없애지 못한다. 부정적인 것들을 없애려면 사랑이 필요하다. 부정적인 것들을 사랑해야 한다.

다행스러운 일은 몸이 우리의 잘못을 쉽게 용서한다는 사실이다. 우리가 더욱 다정하게 대하고 몸을 존중하면 몸은 그에 따라 변화해간다. 나는 자기애 실험을 시작한 덕분에 별다른 다이어트를 하지 않고도 거의 10킬로그램 넘게 살이 빠졌다. 우리가 자신의 몸을 있는 그대로 받아들이고, 거기에 사랑을 쏟아붓는 것만으로도 몸은 이렇게 놀라운 변화를 보여준다. 그러니 인생에서 정말로 긍정적인 변화를 만들어내고 싶다면 스스로 끌어들이고 싶어 하는 바로 그 존재가 되어야 한다.

건강한 연애 상대를 만나고 싶다면 자신이 먼저 건강한 사람이 되어야 한다. 사업에서 성공해 돈을 많이 벌고 싶고, 화려한 경력을 쌓고 싶다면 제일 먼저 자기 자신을 돌봐야 한다. 꿈을 이루기 위해서 자기 몸을 돌보는 것은 가장 핵심적인 요소다. 몸이 고장 나면 꿈이고 뭐고 아무 소용이 없다.

있는 그대로의 자신에 저항하고 싸우기를 그만두면 평화가 널리 퍼진다.

자기애는 기꺼이 치유하려는 마음에서 시작된다. 미움, 좌절, 자포자기 상태가 아니라 다정함과 연민, 기쁨과 사랑의 상태에서 비롯된다. 그리고 한 가지 알아두어야 할 것은 치유가 한 번에 한 걸음씩 진행된다는 사실이다.

치유가 진행되는 것을 직접 경험해보려면 자신의 안전지대 바깥으로 나와서 아직 시도해보지 못한 것을 해야 한다. 이는 자신을 내보이면서 건강한 감정에 전념하고, 완전히 만족스러운 상태를 바라는 것에 초점을 맞춰야 한다는 뜻이다. 당신은 자기 자신을 사랑할 의무가 있다. 자기 몸을 돌보는 경험을 통해서 당신을 둘러싼 세계 전체가 바뀔 수 있다.

자신의 경험을
가감 없이 내보이기

자기애는 그저 자기 몸을 돌보고 자기 자신을 잘 대하는 것만을 의미하는 것이 아니다. 자기애 실험을 하던 첫 달에 나는 고질적인 문제라고 생각했던 내 몸을 받아들이고 사랑하는 법을 배웠다. 2개월째에 이르렀을 때는 몸에 대한 사랑을 확장하여 나를 둘러싼 환경을 재구성하는 데 공을 들였다. 그러고 나자 나는 더욱 깊어졌고 3개월째에 접어들자 내 마음의 더 깊은 층위를 들여다보고 마음을 세상에 내보이는 데 충실하게 되었다.

앞에서 언급했듯이 자기애는 궁극적으로 보이지 않는 마음과 관계를 맺는 방식을 의미한다. 마음은 복잡하게 얽힌 여러 층으로 구성되어 있다. 따라서 자기애 실험의 주제는 자기도 잘 몰랐던 자기 자신과 어떻게 소통할 수 있는지에 맞춰져 있다.

자기 자신과 소통할 수 있다는 것은 행복한 삶을 사는 데 없어서는 안 되는 과정이다. 나는 자기애 실험을 하면서 내면의 비평가에게 말을 거는 것은 물론, 새로운 방식으로 내 마음을 내보임으로써 차츰 세상에 나를 드러내기 시작했다. 자기애 실험을 하면서 순간순간 자기 자신에 대해 알게 되고, 자신의 진정한 욕구를 깨우치고 배울 수 있었던 것은 나 자신을 내보일 수 있는 위대한 기회가 되었다.

내 내면에 있는 강력한 욕구 중 하나는 배움에 대한 열망이었다. 나는 인생에서 뭔가를 배우고 성장하지 않으면 힘을 잃은 듯한 기분이 든다. 그래서 나는 자기애 실험 과정을 가감 없이 책으로 쓰면서 내가 경험한 것들과 깨우친 것들을 사람들과 공유하기로 했다. 그렇지만 이 책을 쓰는 과정이 항상 좋았던 것은 아니다. 아니, 정직하게 말해서 쉽지 않은 작업이었다. 스스로를 몰아붙이다 보니 내가 글 쓰는 기계처럼 느껴지기도 했다. 나의 에고는 끊임없이 이렇게 속삭였다.

"책을 다 썼는데 출판사에서 원고를 받아주지 않으면 어쩌지? 이제 막 6만 자 넘게 썼는데 대체 이 책을 왜 쓴 걸까?"

그럴 때마다 나의 작가 자아는 항변했다.

"작가의 삶이란 원래 이런 거야. 넌 너 자신을 내보이는 과정에 있어."

역지로 글을 쓰는 것 같고 작업이 너무 힘들게 느껴실 때가 있었지만 나는 작가가 되기로 결심했기 때문에 순간순간의 불편함을 밀고 나갔다. 그리고 그런 과정이 하루하루 쌓이는 동안 뭔가가 일어났다.

창조적으로 즐기고 싶지만 글 쓰는 일이 하기 싫은 일처럼 느껴질 때 문득 이런 생각이 들었다. 가끔은 열정이 하나의 과정이라는 것. 우리는 목표를 향해 노력해야 하고 매일 그 목표에 전념해야 한다. 목표로 가는 길은 완벽한 풍경이 있는 잘 닦인 평탄한 길이 아니다. 판에 박힌 듯 똑같지도 않다. 모든 목표는 저마다 새로운 헌신, 새롭게 내보일 측면, 예전에는 미처 알지 못했던 자신의 새로운 단면을 필요로 한다.

이전에 목표를 이루려고 노력했지만 아직 달성하지 못했다면, 그것은 목표를 내보이고 다시 시도할 준비가 된 자신의 새로운 부분이 존재한다는 의미다. 우리는 항상 바뀌고 있고, 성장하고 있고, 진정한 본모습이 되어가는 중이다. 그러니 자기 자신이 현 상태에 존재할 수 있게 하면서 그 과정에서 필요한 방법들을 배우면 더 쉽게 자유에 이를 수 있다.

내 사업 코치인 마리 포리오Marie Forleo는 자신감 넘치는 표정으로 늘 이렇게 말한다.

"모든 것은 만들 수 있다."

우리는 언제나 목표를 실현할 수 있는 방법을 찾을 수 있고 또 찾게 될 테지만, 그러려면 행동을 취해야 한다는 뜻이다.

어제의 당신보다 중요한 것은 오늘의 당신이라는 사실을 명심하라. 우리는 매일 배우고 성장하면서 인생이라는 퍼즐에 들어갈 더 많은 조각들을 얻는다. 따라서 우리가 살아가는 하루하루는 앞으로 더 수월하게 나아갈 수 있는 기회다.

삶을 거대한 모험, 앞으로 겪을 가장 위대한 모험이라고 생각해야 한다.

내가 사랑하는 친구 앨리슨 라이프지그Alison Leipzig는 '소울캠프Soul Camp'의 공동 설립자이자 자기애 코치다. 앨리슨은 우리가 삶에서 맞닥뜨릴 모험이 언제나 확신에 차 있지는 않으며, 상황이 늘 완벽하지도 않다는 것을 잘 알고 있다. 그녀는 이 주제를 매우 효과적으로 서술한 글을 자신이 보내는 소식지에 담았다.

많은 사람들이 자기애를 경험하려면 자신의 모든 부분을 사랑해야 한다고 생각한다. 몸에 자신감을 가지려면 자기 몸 구석구석을 사랑해야 한다는 식이다. 하지반 이런 의식 구조는 바람직하지 않다. 자신의 모든 부분을 사랑하려면 치명적인 자기부정의 함정에 빠져들 수 있기 때문이다.

우리는 그다지 아름답지 않은 우리 자신의 부분들을 보는 게 무섭다. 10킬로그램이 넘게 살이 쪘다는 사실을 받아들이기가 어렵다. 자기 자신이 종종 자기중심적이거나 남들에게 비판적이라는 것을 인정하고 싶지 않다. 혹은 자신이 제멋대로이고 성마른 사람이라는 것을 인정하고 싶지 않을 수도 있다. 그게 뭐든 간에 우리는 그것을 제대로 직면하지 않는다. 대신에 주변 사람들에게 투사한다. 실제로 내 주변 사람들이 내게 그렇게 했다. 그들은 너무 비판적이고, 믿을 수 없을 정도로 사람을 재단한다. 당신은 어떠한가?

자기 수용에는 근본적이고 철저한, 용기 있는 솔직함이 필요하다. 자기 수용을 목표로 나아가면 흔들리지 않는 힘을 얻게 된다. 자기 자신이 어떤 사람인지 알게 되면 아무도 당신의 힘을 빼앗을 수 없기 때문이다. 물론 때로는 슬픈 기분이 들 것이다. 화가 날 수도 있다. 상처받은 기분이 들지도 모른다. 하지만 당신은 쓰러지지 않을 것이다. 당신은 그런 상황들을 다시 일어서는 데 도움이 되도록 이용할 수 있다.

우리는 모두 온전함을 느끼기를 기대한다. 우리가 깨닫지 못하는 것은 바로 지금 우리가 이미 온전하다는 사실이다. 그런데 이 온전함에는 우리의 '결함'이 포함

된다. 이상적인 것에 못 미치는 자신의 부분들을 부정하면 결코 진정한 온전함에 이르지 못한다.

그러니 자기 자신을 있는 그대로 받아들여라. 나의 자기애 실험 여정 안에서 나는 결과, 즉 이 이야기가 어떻게 끝날지에 대해 생각하기를 멈췄다. 낭만적인 사랑을 찾게 될까? (나는 내 인생의 가장 위대한 사랑, 즉 나 자신과의 사랑을 찾았다고 믿는다.) 살이 빠질까? (그렇다.)

하지만 실험 과정 안에 있을 때 나는 이 모든 결과에 대한 기대를 놓아버렸고, 그러자 걱정이 사라졌다. 항복하고 놓아버렸을 때 나는 나 자신이 여정 안에 더욱 더 온전하게 존재할 수 있다는 것을 알았다. 3개월의 자기애 실험 결과 내가 목표를 달성할 수 있을지는 더 이상 중요하지 않게 되었다. 중요한 것은 지금 펼쳐지고 있는 과정이었다. 그리고 경험 안에 온전히 존재한다는 것은 내가 상상하던 것보다 훨씬 더 아름다운 경험이었다. 놓아버리고 그 여정에 완전히 항복하는 것, 그것이 바로 자기애 실험에서 얻을 수 있는 궁극의 마법이다.

자신의 의심을
솔직하게 내보이기

2009년 주치의가 내게 임상 우울증 진단을 내렸을 때 나는 머리로 인생을 살고 있었다. 이성적이고 합리적인 사고가 모든 선택을 했다. 좋은 직업 얻기, 정착할 만한 남자 만나기, 학교를 우수한 성적으로 졸업하기. 완료, 완료, 완료. 나는 누구보다 열심히 살았지만 사는 시늉만 했을 뿐 내 인생과 연결되어 있다는 기분은 들지 않았다.

그 당시 나는 섭식 장애와 약물 중독으로 고통받고 있었고, 광고회사 일이 너무나도 싫었다. 문제는 떨치고 나가는 법을 알지 못한다는 사실이었다. 나는 중독, 두려움, 자기 파괴로 고통을 감춘 채 발을 질질 끌며 인생길을 걷고 있었다. 다들 부러워하는 직장을 얻으려고 대학원 공부까지 했지만, 좁은 사무실에서 지내는 게 내 인생 목적은 아니었다. 그런 생활은 내게 기쁨을 가져다주지 못했고, 나는 그 일에 열정이 없었다.

인생에서 가장 중요한 선택을 할 때 알아야 할 사실은 우리가 그것을 해보기 전까지는 그 선택들이 어떤 식으로 우리 인생 계획에 들어맞을지 알 수 없다는 것이다. 나는 당시의 내 삶을 내가 원한다고 생각했다. 그런 삶을 현실로 만들기 위해서 매 순간 충실히 임했다. 그런데 막상 성취하고 나자 무감각하고, 공허하고, 영감이 느껴지지 않았다.

"네 마음을 따라가."

내면의 목소리는 그렇게 말했고, 그 목소리를 따랐을 때 비로소 모든 게 나를 위해 정렬되었다. 나는 나의 사고 작용, 의심하고 두려워하는 부분에서 떨어져 나와 가슴의 울림으로 들어갔다. 새로운 기준으로 삶을 재정비하면서 내게 더 이상 도움이 되지 않는 것들을 제거해 나갔다. 회사 일, 약물 중독, 섭식 장애, 두려움, 제대로 굴러가지 않는 관계에 대한 집착까지.

머리로 생각하는 대신 가슴의 반응에 귀를 기울이자 고통에 초점을 맞추는 것을 멈추고 열정에 집중할 수 있게 되었다. 이러한 태도가 나를 나의 목적으로 이끌었다. 요즘 나는 훨씬 더 행복하고 건강한 삶을 영위한다. 나의 의심들을 관통해서 성큼성큼 걸어왔기 때문이다.

행복은 습관이다. 그래서 나는 매일 내가 사랑하는 것들을 한다. 내 마음이 하는 말에 귀를 기울인다. 나는 몇 년에 걸쳐 이런 행동을 습관으로 기르는 법을 배웠다.

처음에는 숨 막히게 답답하면서도 자신이 처한 상황을 떠나기가 두려울 수 있다. 하지만 미래의 자아는 그럴 만한 가치가 있다는 것을 잘 알고 있다. 인생은 목적이 있는 삶을 살겠다는 진정한 열정 안으로 발을 내딛는 것에 의해 좌우된다. 솔직히 말하면 마음을 따르는 데 말도 안 될 정도로 대단한 용기가 필요한 것은 아니다. 그저 자기 자신을 믿으면 된다. 그리고 자기 자신에 대한 믿음은 행동할 때 나온다. 자기애 실험을 통해서 내가 배운 것은, 인생의 목적이나 자기애 혹은 고통에 대한 답을 '찾으려고' 노력하는 것, 상황에 대한 해결책을 알아내려고 노력하는 것에 초점을 맞추면 그것을 달성하기가 더 힘들어진다는 사실이다. 머리로 판단하는 데서 벗어나 마음으로 들어가야 한다. 그리고 마음이 자신의 나침반이 될 수 있게 해야 한다. 그러면 인생이 새로운 가능성을 향해 활짝 열릴 것이다. 영감과 사랑이 앞으로 가야 할 길을 안내할 것이다.

마음은 직관과 밀접하게 연결되어 있는 반면, 머리는 두려움과 연결되어 있다. 직관과 두려움의 차이는 무엇일까. 지금 올바른 선택을 하고 있다는 사실을 어떻게 확신할 수 있을까. 우리가 현재의 상태보다 더 많은 것을 갈망할 때 우리는 안전하다고 느끼는 경계를 넘어서게 되고, 그럴 때 감정적 장벽을 만난다. 돌파구가 생기기 직전에는 온몸을 휩싸는 불안, 자기회의, 공포가 폭발한다는 사실을 알아둬야 한다. 바로 이 때문에 상황이 나아지기 직전에 훨씬 더 나빠지기도 한다.

인생의 한 단계에서 다음 단계로 뛰어드는 것은 초조하고 불안한 일일 수 있다. 특히 운전석에 앉아 있는 것이 두려움인지 직관인지 알 수 없다면 말이다. 나 또한 두려움이 나를 마비시켜서 유효기간이 지나도 한참 지난 회사생활에 계속 머물러 있던 때를 기억한다. 두려움과 직관의 차이를 인식하고 나서야 내 꿈에 다가가기 위해 두려움을 날려버릴 수 있었다. 우리가 바라는 것을 시도할 때 일어나는 의심과 불안은 두려움의 발현이라는 사실을 기억해야 한다.

인생을 바꿀 만한 책인 《기적 수업A Course in Miracles》에 따르면, 모든 두려움은 가짜다. 이전까지 발 담고 있던 안전지대에서 나오자마자 두려움이 순식간에 사라질 때 이 같은 사실을 확인할 수 있다. 두려움은 앞으로 나와서 말을 거는 즉시 사라

져버린다. 이것이 바로 자신의 의심을 내보여야 하는 진정한 의미다.

의심은 진짜 욕구, 가장 내밀한 진실에 대한 더 깊은 자각으로 이끄는 장치다.

자기애 실험을 하는 동안 나에게는 항상 두 가지 선택권이 있었다. 계속 지금 상태에 머물면서 두려움이 승리하게 놔두거나, 곧장 그 안으로 뛰어들어 두려움을 직면하거나. 나는 대부분 후자를 택했다. 자기 자신을 사랑하고 자기 인생을 더 완전히 내보이기 시작하면 두려움이 뛰어다닐 놀이터가 더 이상 없어지게 된다.

자기 자신을 사랑하는 것은 이전에는 경험해보지 못한 새로운 영역이다. 그리고 새로운 것은 미지에 대한 두려움을 불러일으킨다. 따라서 목표에 가까워질수록 자연스럽게 두려움의 목소리가 더 커질 것이다. 그럴 때 나는 두려움에게 정면으로 말을 걸었다.

"네가 여기 있다는 거 알아. 하지만 넌 결정권을 갖지 못할 거야."

나는 사랑을 선택했다. 두려움에게 정면으로 말을 거는 것으로 두려움의 실체를 목격하고, 자기애를 실천했다.

의심과 두려움에 맞서려면 용기가 필요하다. 헌신, 기꺼이 일어서서 "난 그만한 가치가 있어." "사랑이 승리할 거야."라고 말할 수 있는 마음이 필요하다.

하지만 불안은 그보다 뿌리가 깊다. 대부분의 경우 불안은 어린 시절로 거슬러 올라간다. 과거를 떨쳐버리지 못하면 불안은 인생을 크게 한 바퀴 돌아 오래전 그때로 다시 돌아가게 만든다.

불안정한 감정들을 발견하는 수단으로 의심을 사용하면 상당히 유용하다.

자기애 실험을 하면서 해외에 체류할 때 여러 사람들과 아프리카 단체 관광을 한 적이 있었다. 나는 곧 친구가 될 낯선 사람들과 여행하고 있었는데, 그 과정에서 아직 치유되지 않은 불안감을 맞닥뜨리게 되었다.

처음 며칠은 다들 어색해했다. 친해질 만한 사람을 탐색하는 과정에서 정말로 나와 이야기하고 싶어 하지 않는 듯한 여성이 눈에 띄었다. 그녀는 평소에 예쁜 여자들이나 인기 있는 남자들과 어울려 다녔을 법한 멋진 여자였다. 나는 그 여성이 약간

거만하다고 느꼈고, 나를 평가하고 있다는 인상을 받았다.

일부러 그랬든 아니든 간에 나를 무시하는 그 여자의 태도가 나를 곧장 어린 시절로 데리고 갔다. 늘 밖에서 안을 들여다보는 것 같은 기분이 들던 중학교 시절로 말이다. 중학교 때 나는 사람들 틈에 있어도 그들과 함께 있다는 기분이 들지 않았다. 항상 분리된 듯한 느낌을 받았다. 나는 다르고, 이상하고, 우스꽝스럽고, 따돌림 당하는 사람이었다.

삼십 대 중반이 되었으면서도 그 여자의 태도가 어린 시절 겪었던 나의 모든 불안을 불러들였다. 다행히 여행을 하는 중에도 나는 자기애 실험 안으로 깊이 들어갔고, 희생양이 된 것처럼 느끼거나 의심으로부터 달아나는 대신에 나의 의심들을 정직하게 살펴보기로 했다. 우선 무가치하고 아웃사이더처럼 느끼는 나의 의심들을 들여다보며 내게 말을 걸었다.

"이 의심은 어디서 온 거지? 근본 원인은 뭘까?"

나는 여행 중에 느낀 기분과 동일한 감정이 어린 시절 새 학교로 전학을 갔을 때 느꼈던 감정과 연결되어 있다는 사실을 깨달았다.

어릴 때 나는 이사를 많이 다녔다. 부모님이 여러 도시를 옮겨 다니며 일자리를 얻었기 때문이다. 덕분에 나는 늘 새로 온

여자애였고, 현실에서 한 번도 내가 어울린다는 기분이 든 적이 없었다. 자주 괴롭힘을 당하고 놀림을 받았다. 어른이 돼서 이런 의심을 밝혀냈을 때 나는 모든 사람들과 잘 어울릴 필요가 없고, 꼭 그래야 하는 것도 아니라는 데 생각이 미쳤다. 나는 조용히 생각했다.

'정말로 꼭 어울릴 필요는 없어. 이 사람들은 여행을 함께 하고 있는 그룹일 뿐이지 새로운 단짝친구들은 아니니까.'

나는 나 자신에게 말했다.

"그 사람들이 반드시 날 좋아할 필요는 없어. 중요한 건 내가 날 좋아한다는 사실이야!"

며칠 뒤 나는 그 여자가 나를 좋아하든 말든, 나를 무시하든 말든 정말로 개의치 않고 있는 나를 발견했다. 내가 멋진 사람이라는 것을 증명하기 위해서 그 여자가 날 좋아해줄 필요는 없었다.

인식이 곧 현실이다. 나는 나의 인식을 '난 아웃사이더이고, 이 그룹에서 어울리지 않는 기분이 들어.'에서 '난 나를 사랑해. 그리고 있는 그대로 충분해.'로 바꾸었다. 이것은 매우 효과적인 자기애 실천 방법이었다.

의심에게 정면으로 말을 걸어서 인식을 바꿈으로써 내 여행은 새로운 의미를 가질 수 있었고, 나는 새로운 측면에서 세상과 연결된 느낌을 받을 수 있었다. 만약 자기애 실험을 하기 전이었다면 나는 여행 내내 불인함을 느꼈을 데고, 나 자신이 괜찮다고 느끼기 위해 그 여자에게 인정받고 싶어 했을 것이다. 하지만 의심과 불안을 들여다보고 내 인식을 바꾼 덕분에 나는 그 여자가 날 좋아하게 만들 필요가 없게 되었다.

며칠 뒤 나는 내가 이미 충분하고, 아웃사이더가 아니라는 깨달음을 얻었고(내가 불충분하고 아웃사이더라고 느낀 것은 단지 내 두려움이나 불안에게 말을 걸지 않았기 때문에 느낀 감정이었다), 놀랍게도 나를 좋아하지 않는다고 여겼던 그 여성이 내게 다가왔다. 그녀는 내게 말했다.

"알고 있는지 모르겠는데, 처음 만났을 때 난 당신이 조금 겁났어요. 당신이 완벽해 보였거든요. 난 자기 인생에 만족하는 사람 곁에 있으면 어떻게 반응해야 할지 모르겠어요. 당신은 행복해 보이고 성공한 사람처럼 보이는 데다 내가 잘 알지 못하는 어떤 것을 알고 있는 사람처럼 보여요."

그 여성은 자신이 인생에서 갇힌 기분이 들고, 길을 잃었다고 느끼고 있었다. 내가 그랬던 것과 마찬가지로 그녀 역시 불안하고 두려운 감정을 계속 느끼고 있었던 것이다. 우리 두 사람 다 과거의 의심과 두려움에 기초해서 서로에 대해 인식하고 있었다.

서로가 느낀 부정적인 감정들을 털어놓은 후에 우리는 친구가 될 수 있었다. 이것이 바로 의심과 두려움을 내보이는 것의 진정한 의미다. 자기 자신을 사랑하는 것은 자신의 두려움을 사랑한다는 의미이기도 하다. 지금 처한 상황에서 어떤 감정이 튀어나오든 그것과 함께 존재할 수 있게 해야 한다. 겁을 먹거나 막막해하는 대신 "지금 이 순간 사랑은 뭘 할 수 있을까?"를 물어야 한다. 나는 이 질문을 함으로써 불안을 해치웠다. 의심을 내보이기 시작하면 자신의 내면에 웅크리고 있는 내면아이를 내보이고 싶은 욕구를 느낄 수 있다. 나는 그렇게 느꼈고 그래서 그렇게 했다.

자신의 내면아이를
내보이기

코칭 실습과 10년에 이르는 강사 활동을 하면서 나는 대부분의 사람들이 어린 시절에 놔두고 온 자신의 일부가 있다는 사실을 발견하게 되었다. 그것은 어른이 된 우리가 못 본 체하거나 별 생각 없이 어둠 속에 방치해왔던 우리 자신의 일부로, 사실은 관심과 보살핌이 필요한 영역이다.

이러한 부분은 자기 자신에 대한 믿음, 우리가 세상을 보는 방식과 엮여 있다. 가령 나는 자기애를 발견하기 전까지 항상 내가 세상에 딱 들어맞지 않는다고 느꼈고, 어른이 되어서도 여전히 밖에서 안을 들여다보는 것 같은 기분이 들었다. 아프리카 여행에서 만난 여자의 경우에는 자기 삶에 만족하고 성공한 사람들에게 쉽게 겁을 먹었다. 두 가지 사례 모두 한 번도 드러나지 않았거나 보살핌을 받은 적이 없는 어린 시절의 상처와 연관되어 있다.

그러니 잠시 어린 시절에 시작된 두려움으로 돌아가보자. 자신을 방해하고 있는 가장 큰 불안과 두려움을 떠올려본 다음 그 일이 있었던 어린 시절, 아마도 그 불안을 처음 느꼈을 당시로 거슬러 올라가보는 것이다. 두려움은 보통 어릴 때 시작된다. 모든 게 다 괜찮고 안전하고 편안한 기분이 들다가 어느 날 갑자기 경고도 없이 일이 터진다. 아빠가 직장을 잃어서 이사를 가야 한다거나, 부모가 이혼을 하거나, 가족이 죽거나, 자기 자신을 밑바닥부터 처절하게 뒤흔드는 예상치 못한 일을 목도하게 되는 것이다.

그러면 더 이상 안전하다거나 행복하지 않다고 느끼는 우리의 자아가 보호 모드로 들어간다. 벽을 쌓고 문을 닫아건다. 많은 사람들이 이런 사건들로 인해 감정적, 육체적, 정신적으로 문을 닫아버린다. 그러고는 새로운 방식으로 세상과 연결되는 법을 배운다. 그런 끔찍한 상황을 다시 겪지 않도록 자기 자신을 보호하면서 반쪽짜리 존재로서 세상을 만나는 것이다.

자기 자신에 대해서 진정으로 평온함을 느끼려면 남들이 결코 주지 않았던 것을 자기 자신에게 주어야 한다.

이게 바로 사기애 실험에서 내가 발견한 것이다. 나의 아홉 살짜리 자아는 여전히 과거에 머물러 있다. 방금 새로 전학 온 학교에서 특별 체육 시간에 1마일 경주를 완주하지 못한 자아. 다른 학생들이 하나같이 나를 비웃었고 나를 욕하기 시작했다. 범고래에 관한 영화 '프리 윌리Free Willy'가 막 개봉했을 때였다. 몇몇 아이들이 나를 두고 '프리 윌리'라고 소리쳤다. 아이들은 못될 수 있다. 하지만 자기 자신만큼 못된 사람은 없다. 나는 버려지고, 인정받지 못하고, 못생기고, 뚱뚱하다는 기분이 들었다. 집에 갔더니 부모님은 두 분 다 회사에 가고 없었다. 사랑받지 못한 감정을 채우기 위해 나는 음식에 기댔다. 음식은 내 목발이자 유일한 위로의 원천이었다. 그러므로 고질적인 내 불안은 사랑받지 못하고 제자리에 있지 않다는 감정에서 비롯된 것이었다.

점점 나이를 먹어갔지만 사랑과 관심이 필요한 아홉 살짜리 소녀는 여전히 거기에 존재했다. 나는 자기애 실험을 통해서 참 자아로 돌아가는 것의 힘을 알게 됐다. 그 소녀는 나의 일부이고, 상처를 입었다. 그 소녀는 사랑을 갈망한다. 나는 뒤에 남겨진 나의 일부에 더 많은 관심을 기울이게 되면서 내 가능성을 깨우기 시작했다. 스스로 한탄하거나 밖에서 안을 들여다보는 것처럼 느끼는 대신 나의 초점을 바꾸기 시작했고, 사랑이 담긴 렌즈를 통해서 나를 바라봤다. 내 안에 있는 내면아이에게 더 관심을 쏟았다.

우리 안에 있는 내면아이는 욕구와 욕망의 다른 이름이다. 행복해지고 싶다면 내면아이의 말에 귀 기울이고 그 아이를 바라봐야 한다. 나의 내면아이는 노는 것을 아주 좋아한다. 인생에서 더 많은 즐거움을 원한다. 당신의 내면아이는 무엇을 원하는가? 자신의 내면아이를 내보이는 것은 자신의 진정한 욕망을 내보이고, 자기 자신에게 더 많은 관심과 돌봄을 제공한다는 뜻이다.

때로는 찾기 위해서 반드시 잃어버려야 한다. 자기애 실험을 하는 동안 나는 인생에서 길을 잃었다. 겉으로 보기에는 아무것도 빗나가지 않았지만 내 안에서는 인생이 빗나간 것처럼 느꼈다. 나는 이런 감정을 두려워하는 대신 그 상황에 뛰어들어 이렇게 물었다.

"이 감정은 나에게 뭘 가르쳐줄 수 있을까? 나에게 뭘 보여주려는 걸까?"

궤도에서 벗어났다는 감정은 인생을 새로운 방식, 더 포괄적이고, 최고의 자아에 연결된 기분이 들게 만드는 방식으로 살아가라는 내면의 깨우침이었다.

이 욕망은 나의 내면아이가 나를 위해 갈망한 욕구 가운데 하나였다. 내면아이는 내가 행복하고, 안심하고, 자유롭기를 바랐다. 나의 내면아이는 내가 기쁜 상태이기를, 밝게 빛나는 상태이기를 바랐다. 그래서 나는 내면아이의 욕구에 굴복함으로써 내면아이가 오롯이 자신을 내보일 수 있게 해주었다.

자기 자신을 사랑하면 과거에 상처 입었던 자신의 일부에 사랑을 보내줄 수 있게 되고, 그러면 치유하기가 훨씬 수월해진다.

자신의 용기에 따라 움직이면서 자신의 내면아이가 품고 있는 욕망을 내보일 수 있도록 해야 한다. 나는 그렇게 했고, 그 결과 내 세계가 바뀌었다. 나는 지금 이 책을 한 달 동안 모로코에 머물면서 쓰고 있다. 그동안 내가 품고 있는 꿈을 드러내고 그것을 실천하고 있다. 내가 이렇게 할 수 있었던 것은 나의 꿈에 응답하고, 나의 내면아이의 진실한 욕망에 응답하고, 나를 사랑하는 것에 응답했기 때문이다.

자신의 꿈을
세상에 내보이기

처음에 나는 내 몸을 관리하고 나를 둘러싼 환경들을 정돈하고 나 자신의 욕구를 인정하고 나면 자기애 실험이 어느 정도 마무리될 줄 알았다. 하지만 그게 끝이 아니었다. 진정한 자기애는 자신이 이해하게 된 자기 자신을 세상에 펼쳐 보일 때 완성된다. 따라서 자신을 사랑하는 데 가장 큰 부분을 차지하는 것은 자기 자신을 내보이는 것이다. 자신이 진짜 원하는 마음 속 소망을 내보인다는 의미이다.

모든 사람들이 내면에 꿈을 품고 있다. 그 꿈들은 다 이유가 있어서 우리에게 온다. 당신이 할 일은 귀를 기울여 그 꿈들을 믿는 것이다.

꿈은 인생의 보이지 않는 건축술이다. 꿈을 믿어야 한다. 꿈을 존중해야 한다.

꿈은 그것이 우리 운명의 일부, 말하자면 당신의 소명이기 때문에 당신에게 온다. 당신이 그 꿈을 현실로 만들 수 있는 사람이기에 당신에게 온 것이다. 그러니 당신 안에 꿈틀거리고 있는 이 특별한 생명력을 외면하지 말아야 한다.

작가가 되겠다는 꿈은 나의 소명과 인생 계획에 속했다. 그런데 내가 그 꿈을 무시했다면 어땠을까? 여전히 몸을 학대하고, 전혀 즐거움을 주지 않는 일 속에 파묻혀 지내면서 유통기한이 지난 관계에 연연하고 있었을 것이다. 결국 나는 생명력을 잃은 채 서서히 죽어갔을 것이다. 우리는 우리에게 온 꿈을 믿음으로써 그 꿈을 실행할 수 있다. 나는 꿈에 관한 마사 그레이엄Martha Graham의 이야기를 좋아한다.

당신을 통해서 행동으로 옮겨지는 활력, 생명력, 에너지가 존재한다. 언제나 당신이라는 사람은 오직 한 명뿐이기에 그 표현은 유일무이하다. 그것이 얼마나 좋은지를 결정하는 것은 당신이 아니다. 당신이 할 일은 계속 통로를 열어두는 것뿐이다.[13]

---

13 Agnes De Mille의 《Martha: The Life and Works of Martha Graham》(New York: Random House, 1991)에서 인용함.

당신이 이 세상의 유일무이한 존재이고, 당신이 품은 꿈들은 당신이 세상에 줄 수 있는 선물이라는 사실을 알아야 한다.

완전한 진실성 속에서 목적을 추구하면 다른 사람들에게 영감을 주게 된다. 당신이 한 일을 사람들이 어떻게 받아들일지 결정하는 것은 당신이 할 일이 아니다. 당신이 전념해야 할 것은 오직 꿈을 실현함으로써 그 꿈을 존중하는 것뿐이다. 여기에 바로 자기애 실험의 진정한 아름다움이 있다. 만족스럽고 풍요롭고 보람 있는 인생을 위한 나침반이 바로 마음이라는 사실을 아는 것.

필요한 것은 이미 당신 안에 다 있다. 진정한 성취는 표면상으로 어떤 목표를 달성했느냐에서 오는 게 아니라 내면의 지혜와 속삭임을 존중하는 데서 온다. 그 목소리에 귀를 기울이고, 스스로를 완전히 내보이면서 가능한 한 최선을 다하고 있는 자신을 느끼는 것, 그것이 진정한 성취다. 그리고 이것이 자기애의 진짜 마법이다.

당신이 갖고 있는 꿈들이 당신에게 온 이유는 이 세상을 통틀어서 당신이 그 꿈을 실행하는 데 최적의 사람이기 때문이다. 그러니 꿈을 믿고, 꿈을 존중하고, 꿈을 보살펴야 한다. 당신에게는 그럴 의무가 있다. 그러면 점차 주변 사람들을 고양시키고 돕게 될 것이다.

자기 자신에게 "나는 어떻게 자기애에 이를 수 있을까?"라고 묻는 대신 "나는 어떻게 내 마음을 따를 수 있을까?"라고 물어야 한다. 진심으로 마음의 끌어당김을 존중하면 저절로 자기 자신을 사랑하게 된다.

얼마 전에 동종업계에서 일하는 사랑하는 친구와 이야기를 나눈 적이 있다. 그 친구는 자기 내면과 대화하면서 자기 사업을 확장하려면 일대일 코칭을 관두고 강연과 그룹 코칭에 집중해야 한다는 요청을 받았다고 말했다.

"하지만 섀넌, 너도 알다시피 난 오랫동안 일대일 코칭을 해왔잖아. 그걸 놓아버린다는 것이 두려워."

그녀가 말했다. 하지만 우리 두 사람 다 자신의 힘을 오롯이 경험하려면 무섭기는 해도 그 일이 반드시 해야 할 일이라는 것을 알고 있었다. 놓아야 할 때는 놓아야 한다. 그리고 그 부분에서 우리는 자유를 발견할 수 있다. 내 친구는 말했다.

"나는 원하는 것을 손에 넣었어. 창업하려고 3년 전에 회사를 그만뒀고, 내가 바라던 대로 새 사업을 시작했지. 그런데 지금은 내 영혼이 거기에 만족하지 않는다는 걸 느껴. 내 영혼은 더 많은 것을 갈망하고 있어."

친구가 이야기한 대로 변화는 과정에 속한다. 우리 삶에서 불변하는 상수는 오직 변화뿐이므로 우리는 필요한 때에 필요한 변화를 적절하게 삶 속에 불러들여야 한다. 우리는 목표를 세우고 목표를 달성했을 때 더 새로운 모습의 자기 자신이 된다. 그리고 새로운 꿈, 끝나지 않은 채로 남은 미완의 새로운 꿈에 손을 뻗는다. 그러면 성취에 대한 과거의 예측들이 새롭게 드러난다. 꿈과 욕망은 이런 식으로 변화하고, 바뀌고, 성장한다.

우리가 성장함에 따라 우리의 욕망도 바뀌고 성장한다.

우리의 진정한 힘은 꿈 안에 있지 않다. 자기 자신이 그 꿈과 함께 성장하고 변화할 수 있다는 것이 더 진실에 가깝다. 따라서 한순간 꿈을 이뤘다 하더라도 우리가 우리 자신과 연결되어 있다면 거기에 멈춰 있지 않게 된다.

하지만 대부분의 사람들은 자기 자신을 상자 속에 집어넣고, 반복되는 일상 속에 빠져든다. 안전하고 편안한 습관들 속에서 매일 하는 걱정과 불안을 붙들고 살아간다. 그렇게 상자 안에 머문다. 반복적인 일상을 고수하고, 사회적 기대에 순응하며, 규칙을 따르도록 자신의 등을 두드리며 이만하면 잘살고 있다고, 문제될 것 없다고 스스로 위안한다.

하지만 마음속의 갈망과 욕망의 끌어당김에는 이유가 있다. 마음은 안주하기를 원하지 않는다. 마음은 더 많이 원하고, 더 많이 요구한다. 마음은 메시지를 품고 있다. 마음이 하는 말에 귀를 기울이면 마음은 언제나 자기 자신을 성취로 이끌 다음 단계에 대한 이야기를 들려줄 것이다. 그러니 상자에서 벗어나야 한다. 사회의 기대에 부응하려는 노력을 당장 그만두고, 세상이 당신에게 맞추게 해야 한다.

우리 마음속에 있는 소망들은 모두 우리 자신을 표현하는 것들이다. 당신에게는 그것을 시도할 의무가 있다. 외부의 기대가 아니라 내면의 기대에 따르게 될 때 당신은 절대로 뒤돌아보지 않게 될 것이다. 완전히 진실하게 자기 자신으로 살아갈 때 일어날 수 있는 일의 본보기가 될 것이다. 그러니 부디 상자에서 나오라. 이제 마음속으로 늘 하고 싶었던 바로 그것을 할 시간이다.

순수한 기쁨을
내보이기

자기애를 느낄 때 그것은 어떤 감정으로 표현될까. 내 경험으로는 기쁨이었다. 기쁨은 자기애의 최고 형태다. 기쁠 때 우리는 존재로서 오롯이 살아 있다. 그러니 매일 자신이 기쁨을 느낄 수 있도록, 기쁨을 가져다주는 일을 하는 것, 이것이 바로 자기애 실험의 기본이다.

자기애 실험을 하기 전에도 나는 어느 정도 행복감을 느꼈지만 완전히 기쁜 상태는 아니었다. 기쁨은 더할 나위 없이 순수한 행복의 감정이자 설렘을 담고 있다.

많은 사람들이 삶에서 행복해지기를 바란다. 행복이 기쁨을 가져다줄 거라고 믿기 때문이다. 하지만 나는 자기애 실험을 통해 행복에 대해서 아무도 얘기해주지 않는 비밀을 깨달왔다. 행복하다고 해서 반드시 기쁜 것은 아니라는 사실이다. 내가 보기에는 행복에 이르는 것보다 기쁨을 얻으려고 노력하는 것이 더 중요한 것 같다. 기쁨은 성공에 대한 가장 훌륭한 지표이기도 하다. 일에서, 관계에서, 인생의 어떤 측면에서 얼마나 성공했는지 판단하고 싶으면 자기 자신에게 얼마나 기쁜지 물어보면 된다.

나는 자기애 실험을 하는 동안 그렇게 했다. 맨 처음 시작했을 때는 내 대답에 소스라치게 놀랐다. 전혀 기쁜 상태로 살고 있지 않았기 때문이다. 삶에 안주하고 있었고, 과체중이었고, 내 몸은 상처투성이였다. 외로웠고, 나 자신을 보살피지 않았다. 그저 사는 시늉만 하면서 마지못해 살고 있었다. 매일 매일 주어진 하루를 살아가는 게 하기 싫은 일처럼 느껴졌다. 나는 매일 밤 나 자신에게 이런 말을 하면서 잠들곤 했다.

"내일은 새로운 날이야. 넌 언제나 더 잘할 수 있고 다시 시작할 수 있어."

그렇게 애쓰면서 고군분투하고 있었지만 기쁨에 전념하기 전까지는 결코 상황이 나아지지 않았다.

자기애 실험을 시작하고 나서 기쁨은 나의 의무가 되었다. 나는 내게 기쁨을 가져다주는 것들을 모조리 담은 목록을 만

들었다. 내가 가장 좋아하는 것들과 최고의 자아를 느끼게 하
는 것들. 내 주변을 기존에 알고 지내던 긍정적인 사람들로 채
우고, 나를 행복하게 해주는 새로운 친구들을 만났다.

내가 의도적으로 기쁨을 찾고, 기쁨을 바깥으로 내보이기
시작하자 기쁨이 내 인생을 선도하는 힘이 되었다. 아무 생각
없이 텔레비전 앞에서 군것질을 하던 습관은 더 이상 내게 기
쁨을 주지 못했다. 나는 케이블TV를 끊고, 찬장을 깨끗이 치
웠다. 그리고 새로운 온라인 강좌와 다큐멘터리, 여행 프로그
램에서 새로운 기쁨을 발견했다.

매일 나의 욕구에 말을 걸어서 나의 기쁨 저장소를 채우는
것도 잊지 않았다. 시간 날 때마다 나는 스스로에게 물었다.

"행복해지려면 뭘 해야 할까?"

나중에 알고 보니 기쁨을 느끼기 위해 필요한 건 대단한 게
아니었다. 좋은 음식, 가족, 친구, 여행, 글을 쓰면서 보내는 하
루, 도보 여행이나 산책처럼 자연에서 노니는 것, 새로운 장소
를 탐험하는 것. 이런 것들이 나에게 새로운 기쁨을 주는 회로
였다. 나는 진정으로 행복한 나날을 보내기 시작했다. 기쁨 회
로는 자신의 지복을 따르는 것과 같다. 조지프 캠벨이 말했듯
이 행복해지려면 반드시 자신의 지복을 따라야 한다.

기쁨은 자기애로 들어가는 입구다. 인생에서 더 많은 기쁨을
허용할수록 자기 자신을 사랑하기가 더 수월해진다.

내면의 욕구를
내보이기

자기애 실험 3개월 차에 접어들어 내 내면의 욕구를 내보이기 시작했을 때, 나는 자기 자신을 내보이는 것이 생각보다 너무 중요하다는 사실을 알고 놀랐다.

내 코칭 고객 중에는 엄마들을 위한 블로그를 운영하는 사람이 있다. 그녀의 주된 관심사는 엄마들이 가사일 중간에 자신을 위해 잠시 쉴 수 있는 시간을 내도록 돕는 것이었다. 흥미롭게도 이것은 그녀가 가장 고군분투하던 문제이기도 했다. 그녀는 블로그를 통해 다른 사람들과 커뮤니티를 만들었고, 블로그를 운영하는 것 자체가 자기애 시간을 별도로 떼어놓는 수단이기도 했다.

하지만 코칭 시간에 그녀는 매일 기진맥진한 상태로 하루를 마감하는 데 대한 좌절감을 털어놓았다. 우리는 그녀가 남들에게는 지나치게 퍼주면서 정작 자기 자신을 위해서는 짬을 내지 않은 것이 감정적인 저기압 상태가 된 원인이라는 것을 알아냈다.

이는 아이를 키우는 엄마들에게 일반적으로 나타나는 현상이지만, 반드시 엄마들만 다른 사람에게 지나치게 퍼주는 것은 아니다. 늘 다른 사람을 위해 일하면서 자기 자신을 잘 드러내지 않는 사람들은 지나치게 퍼주는 사람일 가능성이 농후하다. 특히 여성들(내가 진행한 코칭 실습과 워크숍에 참가한 몇몇 남성들을 포함하여)은 천성적으로 '주는 사람'들이다. 그들은 삶과 사랑, 자신의 에너지와 시간과 창의성, 심지어 자기 자신까지 퍼준다. 그러다 보면 자연스럽게 타인의 욕구를 자기 자신보다 앞에 두게 된다. 대개 마음이 너그러운 사람들이 이런 자질을 갖기 쉬운데, 슬프게도 그런 사람들은 남들에게 받는 데 익숙하지가 않다. 결국 주고, 주고, 주고, 또 준 결과 에너지가 고갈된 채로 널브러지게 된다.

이들에게 필요한 것은 순순히 받는 것! 이런 사람들은 받는 것에서 오는 균형감과 성취감을 발견할 만한 자격이 있다. 물론 받는 것이 쉽지 않다는 것은 안다. 그렇다고 불가능한 일은 아니다. 내 코칭 고객들 중 상당수가 지나치게 퍼주는 사람에서 품위 있게 받는 사람으로 성공적으로 변신했다.

누누이 말하지만 모든 것은 마음에서 비롯된다. 선선히 받는 사람이 되려면 우선 '받는 것'에 대한 자신의 믿음부터 살펴봐야 한다. 우리 고객들에게서 흔히 볼 수 있는 받는 것에 대한 믿음은 이런 것들이었다.

- 원하는 것을 얻는 게 이기적인 것처럼 느껴진다.
- 충분한 돈, 충분한 음식, 충분한 자원, 충분한 시간이 없는 것처럼 느껴진다.
- 오로지 남을 도울 때만 자신이 가치 있는 것처럼 느껴진다.
- 바라는 것을 받을 만한 자격이 없다고 느낀다.
- 다른 사람들의 욕구가 자신의 욕구보다 더 중요하다고 느낀다.

이중 어느 것에 해당하는지 자기 자신에게 물어보라.

나는 어맨다 오언Amanda Owen이 쓴 《받기의 힘 : 자신이 원하고 자신에게 합당한 인생을 선사하는 획기적인 방법The Power of Receiving: A Revolutionary Approach to Giving Yourself the Life You Want and Deserve》이라는 책을 무척 좋아한다. 이 책의 저자는 여성들이 특히 남들에게 자신의 욕구를 알려야 한다는 신념을 받아들이기를 주저한다고 지적한다. 하지만 받는 것 또한 배우고 훈련해서 개선될 수 있는 하나의 기술이다. 연습이 거듭될수록 발전하고 강화될 수 있다.

받는 능력은 사실 육체적 건강, 심리적 균형, 정신적 일치감을 느끼는 데 필수적이다. 또 받을 줄 안다는 것은 자기 자신을 사랑하는 하나의 방법이기도 하다.

우선 사소한 것부터 시작할 수 있다. 천천히, 작은 것부터 시작함으로써 받는 것에 자기 자신을 활짝 열어둘 수 있다. 누군가 문을 열어주겠다고 하면 흔쾌히 받아들여라. "고마워요."라는 말을 듣거나 칭찬을 받으면 겸양의 의미로 사양하지 말고 그대로 인정하라. 칭찬을 피하거나 돌려주는 일 없이 그냥 순순히 받아들이는 것이다. 이런 사소하고 단순한 친절을 마음껏 음미하는 것만으로도 받는 것과 친해질 수 있다.

우주는 당신이 목표한 것을 당신에게 주려고 애쓰고 있다. 그러므로 받는 것이 습관이 되어 있는 것이 좋다. 대부분의 사람들은 무의식중에 자신이 정말로 원하는 것을 받지 못하게 스스로를 가로막고 있다. 이는 참으로 안타까운 일이다. 물론 나도 예전에는 그랬다. 어째서 원하는 일이 아직까지 실현되지 않았는지에 '초점을 맞추느라' 자기애가 생기지 못하게 가로막고 있었다. 기대를 놓아버리고, 결과에 연연하지 않고, 우주가 나를 위해 준비해둔 것들에 순순히 마음을 열고 나서야 진정한 자기애가 가능해졌다.

이처럼 사소한 실천만으로도 내 인생에 긍정적인 영향을 미친다는 사실을 확인하고 나자 그것을 훨씬 더 깊은 단계까지 받아들이고 싶다는 의욕이 샘솟았다. 나는 기꺼이 받는다는 게 어떤 기분인지 알고 싶어서 아주 근본적인 시도를 해보았다. '나'로 존재하는 것에 대해서 나 자신에게 고마워하기 시작한 것이다.

"섀넌, 최선을 다해줘서 고마워."

"섀넌, 날마다 애써줘서 고마워."

심지어 나 자신에게 실망했을 때나 내가 많이 부족하다는 생각이 들 때조차도, 나는 나 자신을 고맙게 여기기 시작했다. 그리고 내가 세상에 나 자신을 내보였다는 사실 자체에 감사할 수 있는 상태가 되도록 의식적으로 노력했다.

그 결과는 정말 비현실적일 정도로 극적이었다. 나는 마음의 평화를 되찾았고, 내 인생 목적을 발견했으며, 나 자신과 내 인생에 대한 진실한 사랑과 고마움을 키울 수 있게 됐다. 이것이 바로 자기 수용과 자기애의 진정한 힘이다.

이와 관련해서 우리 고객들이 헷갈려하는 것 중 하나는 자기애가 지나치게 이기적인 것이 아닌가 하는 걱정이다. 하지만 그렇지 않다. 자기애는 이기적이지 않다. 그것은 인간이라면 누구나 가지고 있는 가장 내밀한 욕구다.

그리고 놀라운 것은 자기 자신을 오롯이 받아들이고 자기 자신에게 고마움을 느끼면 느낄수록 다른 사람들에게 자신의 시간과 에너지, 더 풍부한 사랑을 쏟을 수 있다는 것이다. 자기 자신에게 가장 필요한 것, 바로 사랑과 관심을 쏟는 것이 이것을 가능하게 한다.

있는 그대로의
자신을 내보이기

내게 자기애 실험은 하룻밤 사이에 뚝딱 해결되는 솔루션이 아니라 제법 긴 시간 동안 진행된 하나의 '실험'이었다. 어떤 날에는 계획을 지키기가 수월했다. 하지만 그러고 난 뒤에는 과식을 하거나 부정적인 사고 패턴에 빠지는 것이 반복됐다.

자기애로 돌진하는 방법은 어쨌거나 자기 연민과 사랑에 집중하는 것이다. 자기혐오와 죄책감은 목표에 도달하는 데 전혀 도움이 되지 않는다. 계획보다 돈을 약간 더 쓰고, 생각보다 더 많이 먹을 수도 있고, 창의적인 계획을 위한 시간을 충분히 내지 못했을 수도 있다.

하지만 기대만큼 못 미쳤다고 해서 자책할 필요는 없다. 자기를 자학하는 것은 아무 도움이 되지 않는다. 일이 잘 풀리지 않을 때 자동적으로 내면의 비평가를 소환하고 싶겠지만, 그럴 때는 온전히 자기 자신에게 전념함으로써 그런 유혹을 떨쳐내야 한다.

자신에게 전념한다는 것은 매일 매순간 완벽하고 만족스러운 상태가 된다는 것을 의미하는 것이 아니다. 궤도에서 벗어나 좌절할 수도 있지만 그래도 자기 자신에게 집중한다는 것을 의미한다. 친구로서 자기 자신과 나란히 걷는다는 뜻이다. 자기 자신과 나란히 서 있을 때 자신을 이끄는 믿음의 에너지를 끌어낼 수 있다. 이 에너지는 당신을 이상적인 삶으로 연결해줄 것이다.

자기 자신을 포기해서는 안 된다. 좌절의 시기에는 그 어느 때보다도 자기 자신이 필요하기 때문이다. 허리를 쭉 펴고 당당하게 자신의 옆에 서야 한다. 무너지고, 울고, 슬프고, 외롭고, 걱정과 자기 증오에 사로잡혔을 때조차도 자기 옆에 서야 한다. 당신은 자기 자신을 버리지 않는다. 자기 자신을 버린다는 것은 포기한다는 뜻이다. 너무 힘들다고 말하면서 수건을 던지며 패배를 인정하는 것이며, 자신에게 도움이 되지 않는 삶의 방식에 만족하면서 진정한 욕망을 희생시키는 것이다. 만족스럽지 않은 인생에 안주하는 대신 자기 자신 옆에 서야 한다. 자신의 친구가 되어야 한다.

그러기 위해서 당신이 해야 할 일은 자기 자신에게 전념하는 것뿐이다. 모든 순간에 자기애를 선택하는 것뿐이다. 자기애는 기분 좋을 때만 수행하는 그런 개념이 아니다. 오히려 힘들고 어려울 때 더욱 전념해야 할 과제다. 완전히 털리고, 빈털터리가 되었을 때가 자기애를 실천하는 가장 중요한 순간이다.

가장 암울한 시간일 때조차도 자기 자신을 내보여라. 당신이 내뿜는 빛, 당신만의 고유한 빛이 깜깜한 밤에 앞길을 안내해줄 횃불이 될 것이다.

자기애 실험을 하는 3개월 동안 나는 이 개념의 진정한 힘을 경험했다. 어느 날 문득 돌아보니 내가 자기혐오와 죄책감, 자기 증오를 느끼지 않고 지낸다는 사실을 깨달았다. 이제는 거울을 들여다보면서 내 모습을 뿌듯하게 여길 수 있었다. 작은 성취들을 축하했던 순간도 있었고, 자기애와 연민으로 충만한 삶을 살면서 해방감과 흥분도 만끽했다. 수많은 세월 동안 내가 그토록 얻고 싶었던 삶이 바로 이런 거였다. 이제 나는 그런 삶을 실제로 실천하고 있었다. 너무 행복했다.

그러고 나서 24시간 만에 전부 다 뒤집어졌다. 내 기분은 열 내 폭풍우 만큼이나 빨리 달라졌다. 믿을 수 없을 정도로 우울한 기분이 내 감정을 장악했다. 나는 최고로 뚱뚱한 것처럼 느껴졌고, 모든 것에 미친 듯이 화가 났으며 외로움에 몸서리를 쳤다. 사사건건 나 자신을 탓하면서 온종일 종잡을 수 없을 정도로 울었다.

삶에 대한 경계 태세를 늦춘 것 외에는 내 인생에서 달라진 게 아무것도 없었다. 바로 어제까지만 해도 이제 막 위기에서 벗어나 자기애가 새로운 삶의 방식이 됐다는 기분, 내가 자기애를 이뤄냈다는 기분에 잔뜩 취해 있었는데! 그때 나의 에고가 갑자기 덮친 것이다. 기분 좋은 행복감에 젖어 있던 자아를 밀어내고 대신 그 자리에 들어와 눌러앉았다.

자기혐오와 과식, 두려움으로 이틀을 보내고 나서 나는 침실 바닥에 엎드려 울고 있었다. 궤도에서 얼마나 멀리 벗어난 것 같은 기분이 들었는지, 자기애 실험이 얼마나 쓸모없어 보였는지 모른다. 나는 두려움에 가득 찬 상태로 뚱뚱한 몸으로 평생 살아야 한다는 데 수치심을 느끼면서 울고 있었다. 그때 내 내면의 목소리가 끼어들어 이렇게 말했다.

"이봐, 네 옆에 서!"

그 말에 나는 정신을 차리고 눈물을 닦았다. 지금이 바로 나 자신에게 전념할 때였다. 나는 이렇게 고백했다.

"섀넌, 난 네 옆에 설 거야. 나약해지고, 두려움에 시달리고, 자기 증오와 자책으로 가득 찬 이 순간에도 난 네 옆에 있을 거야. 절망해서 널 떠나는 일은 없을 거야. 널 포기하지 않을 거야. 난 네 친구야. 넌 절대로 혼자가 아니야."

그 순간 모든 것이 바뀌었다. 자책하지 않고 자학하지 않고 나 자신에게 전념하자 두려움과 에고의 목소리가 점차 약해졌다. 그것들이 더 이상 뛰어놀 놀이터가 사라진 것이다. 나에 대한 믿음과 사랑이 두려움을 극복했다. 내가 사랑을 불러들인 덕분이었다.

가장 힘들고 자신이 초라하다고 느껴질 때, 바로 그때가 자기애를 자기 안으로 초대해야 할 때다. 감정의 문을 열고 "부디 안으로 들어와서 편히 있어. 잘 왔어."라고 말해야 할 때다. 두려움의 바깥에서 조용히 기다리고 있는 자기애는 예의 바른 친구처럼 초대받지 않으면 오지 않는다. 자기애를 안으로 초대하고 그것과 매일 함께해야 한다.

내가 자기애 실험을 하고 있다고 하면 사람들은 자기애가 자기와 사랑에 빠져서 그 감정에 완전히 취해 있는 상태라고 생각한다. 혹은 자기를 사랑하게 되면 걱정이나 좌절은 전혀 없이 충만하고 행복한 삶을 누릴 수 있을 거라고 기대한다.

하지만 전혀 그렇지 않다. 오히려 실제로는 그와 정반대에 가깝다. 자기애가 가득한 삶을 사는 것은 자기 자신에게 전념하는 것이고 어떠한 상황에서도 자기 곁을 지키는 것이다. 좌절하고 두려울 때, 불안이 갑자기 덮쳐와 힘을 장악하려고 할 때 두려움과 불안에 먹히지 않고, 자기애가 고통을 뚫고 나아가게 하면 비로소 삶이 은은하게 빛날 것이다. 당신은 혼자가 아니다. 당신이 당신 곁에 서 있기 때문이다. 이것이 바로 자기애 실험이 가진 궁극의 힘이다.

그러니 자기 자신을 감정의 나락으로 기꺼이 떨어지게 해야 한다. 죄책감, 질책, 두려움에서 등 돌리지 않을 때 우리는 있는 그대로의 자신을 만나게 된다. 그러면 "좋아, 나를 사랑하는 실험을 다시 해보자."라고 할 수 있게 될 것이다.

참 자아에게 보내는
편지

최근에 나는 자기애 실험에서 배운 것에 관해 나 자신에게 편지를 썼다. 자기애 실험이 내게 멋진 선물을 줬기에 그것들을 기록하고 싶었다. 이 편지를 여러분에게 공유한다. 인생 속으로 더 깊이 뛰어드는 데 도움이 될 것이다.

사랑하는 나에게

나는 간절하게 나를 사랑하기를 원했어. 목표에 다다르려고 애쓰는 것보다 순간을 오롯이 느끼며 살아가는 게 더 의미 있지. 목표를 성취하는 과정은 가끔 순간을 사는 것으로부터 멀어지게 하고, 일상을 무감각하게 만들 수 있거든.

자기애 실험을 통해서 나는 너무 애쓰지 않게 됐어. 순간 속에 보상이 있다는 것

을 배웠거든. 나는 내일을 놓아버리는 것의 힘, 오늘 속에 오롯이 존재하고, 살아

있고, 초점을 맞추는 것의 힘을 배웠어.

원하는 것을 항상 얻지는 못할 테지만, 진심으로 필요한 것은
언제나 얻으리라는 것을 배웠어.

큰 꿈을 갖는 것의 가치, 어떤 경우에는 아무 욕망도 없는 게 괜찮을 때도 있지

만, 내 욕망에 대해서 변명하지 않는 것의 가치를 배웠어.

나는 저항감을 놓아버렸어. 너무 조급하게 상황이 일어나게 만들려고 애쓰지 않

게 되었어. 대신 일어날 가능성이 있는 것을 실행하려고 밀어붙이지 않고, 있는

그대로에 항복하는 법을 배웠지. 허락의 기술, 모든 일에는 다 이유가 있다는 믿

음의 기술, 모든 타이밍은 신에 의해 완벽하게 조정된다는 사실을 발견했어. 인

생을 편하게 받아들이는 법, 대부분의 일을 순리에 맡기는 법을 배웠어. 모든 사

람이 널 좋아하지는 않을 테지만, 내가 나를 좋아하기 위해서 남들이 나를 좋아

하게 만들 필요는 없다는 것을 배웠어. 결코 내가 나를 심판하는 방식으로 남들

이 나를 심판하지 않는다는 사실도 알게 되었지. 나의 인식이 언제나 나의 현실

을 만드는 법이지.

나는 인생이란 잡는 것과 놓는 것 사이에 균형을 유지하는 것이며, 내 인생이 어

떻게 보이는지보다 어떻게 느껴지는지가 더 중요하다는 사실을 배웠어.

내가 한 번에 한 순간씩, 한 사람씩 영향을 미칠 수 있다는 사실 또한 알게 됐지.

세상을 구하고 치유하거나 다른 사람을 고칠 필요는 없어. 그저 나를 치유하는 데 집중해야 해. 나는 모든 사람들이 중요하다는 사실을 배웠어. 때로는 사소하고 대수롭지 않게 느껴지는 이야기라도 모든 사람들에게는 들려줘야 하는 이야기가 있고, 존재의 목적과 이유가 있지.

때로는 그저 의도적으로 사는 게 목적일 때도 있어.

상황이 언제나 보이는 그대로는 아니라는 사실을 배웠어. 사람들을 더 빨리 용서하게 됐어. 용서는 널 새로운 기회가 있는 쪽으로 해방시킬 테고, 네 마음이 억눌리지 않게 하니까.

내가 늘 믿어야 하는 길을 내 마음이 안다는 사실을 알게 됐어. 때로는 마음이 아직 발견하지 못한 지혜를 내 머리가 품고 있을 때도 있어. 언제나 네 감정을 믿어. 감정이 진실을 드러낼 테니까.

마법 같은 특효약은 없다는 걸, 하룻밤 사이에 뚝딱 풀리는 해결책은 없다는 걸 자기애 실험을 통해서 배웠어. 너무 좋아서 의심스러워 보인다면, 그래, 맞아. 성취라는 것이 사람마다 다르다는 사실을 배웠어. 성취는 매우 개인적인 것이고, 개인들이 저마다 우선순위를 정해야 하는 거야. 성취는 오직 스스로 자기 자신에게 진실할 수 있을 때만 가능해. 나는 선택한 만큼 행복해질 수 있고, 감정에 압도되어도 괜찮다는 것을 배웠어. 달아나거나 무시하는 것보다 완전히 끌어안는 게 더 나아. 슬프고, 우울하고, 불안한 감정을 느끼는 것이 기쁨을 느끼는 것만큼

이나 이롭다는 사실도 발견했어. 참 자아를 더 잘 이해하도록 도와주거든. 슬픈

감정이 없다면 진정한 기쁨이나 행복을 알지 못할 거야.

모든 것에 고마워하는 것은 기분이 더 좋아지는 가장 빠른 방법이지.

자기애 실험을 통해서 현재에 더욱 존재하기 위해 속도를 늦추는 것의 가치를

배웠어. 속도를 늦춰야 정답이 올 수 있거든. 홀로 있다는 것이 외롭다는 뜻은 아

니지만, 외로움을 느끼는 것은 더 이상 홀로 있고 싶지 않다는 뜻이란 걸 깨달았

어. 우리 모두는 지금껏 겪은 모든 일의 조합이란 걸 알게 됐어. 매일 매일이 훨

씬 더 아름다운 것을 위한 새로운 시작이야.

난 네 모든 것을, 널 있는 그대로 사랑한다고 약속해.

언제나 너의 진정한 욕구를 숭배하고 존중할게.

난 널 믿어. 언제나 나의 최선의 이익을 마음속에 품고 있다는 걸 알아.

나는 나 자신을 돌보는 것과 완전하게 나를 내보이는 데 전념하고 있어. 난 인내

할 거야. 타이밍은 항상 옳고, 모든 것이 신성한 질서 안에 있다는 것을 믿을 거

야. 희망을 택하고 낙관적인 상태를 유지할 거야. 우리의 잠재력을 믿으니까. 뭐

든 억지로 하거나, 상황을 이해하려고 너무 힘들게 애쓰거나, 본성을 바꾸려고

할 필요가 없어. 넌 있는 그대로 충분하니까. 그리고 난 널 사랑하니까. 너의 과

거도, 현재도, 지금 변하고 있는 너도 사랑해. 사랑해, 나를.

이 편지는 자기애 실험 도중에 썼다. 우리는 항상 자기애 실험을 하고 있는 중이다. 인생 자체가 하나의 커다란 자기애 실험이다. 자기애 실험에 종착지는 없다. 실험은 늘 펼쳐지고 있다. 그게 바로 우리의 인생이다. 모험에 마음을 열수록 더 많은 것을 이룰 수 있을 것이다. 자기 자신이 사랑을 더 많이 느끼도록, 더 많이 사랑받고, 사랑을 주도록 허락하기를 바란다.

궁극적인 변화를 위해서 자기 자신에게 편지를 써라. 다음은 자기애 실험에서 시도할 수 있는 몇 가지 편지 주제들이다.

1. 교훈 편지를 써라. 지금 어떤 교훈을 배우고 있는가?

   좌절은 어떤 식으로 당신을 더 강한 사람으로 만들었나?

2. 자신의 아픈 부분에게 편지를 써라.

   자기 자신과 관련해서 가장 싫어하는 부분이지만 진심 어린 편지를 통해서

   직접적으로 말을 걸 수 있다.

3. 어린 시절의 자아에게 편지를 써라.

4. 미래의 자아에게 편지를 써라.

5. 자신에게 연애편지를 써라. 자기 자신이 있는 그대로 존재하는 것을

   고마워하라.

4 자기 자신을 사랑하는
열다섯 가지 원칙

자기애 실험을 끝낸 후에

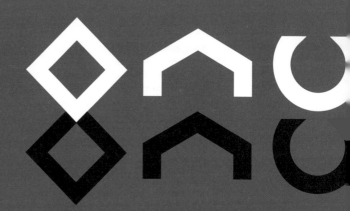

원칙 1

있는 그대로의 상태를 받아들여라.
지금 상태는 여정의 한 시점일 뿐이다

자기 자신을 친절하게 대하는 첫 번째 행동은 수용이다. 바라는 상태에 이르려면 있는 그대로 자신의 상태를 받아들여야 한다. 나는 그러지 못했다. 수십 년 동안 나 자신과 전쟁을 벌였다. 자기혐오에 시달리거나 나의 못난 점을 남들에게 숨기려 하는 대신 있는 그대로의 나, 과체중인 몸과 나의 결점과 불안, 모든 걱정과 두려움을 받아들이고 나자 비로소 나를 사랑할 수 있게 되었다.

그러기 위해서 나는 나에 대한 관점을 바꿔야 했다. 나를 결함이 있거나 망가진 존재로 보는 대신 상황 하나하나, 아픈 부분과 불안한 부분들을 내가 성장하도록 돕기 위해 내 인생에 존재하는 것으로 보기 시작했다. 상황과 사람들, 심지어 불안과 자기 파괴적인 습관까지 우리가 성장하도록 도우려고 우리 인생에 있는 것이다.

자기애 실험을 통해서 배울 수 있는 것은 이 모든 게 연결되어 있다는 사실이다. 모든 고통과 비통함, 자신에게 필요하거나 찾고 있는 것을 결코 찾지 못할지도 모른다는 걱정, 이 모든 게 다 이유가 있어서 인생에 존재한다. 각각의 단계에 읽은 책 한 권 한 권, 시도했던 일 하나 하나, 뛰어들었지만 제대로 되지 않았던 관계들이 전부 여정 중에 방법을 배우게 되는 계획의 일부에 속한다. 전체 그림을 볼 필요는 없다. 그저 한 번에 한 단계씩 밟아나가면 된다.

최근에 나는 여자 친구 두 명과 이야기를 나누고 있었다. 한 친구가 나에게 물었다.

"섀넌, 너 연애 안 한 지 얼마나 됐지?"

"글쎄, 한 4년쯤 된 것 같은데?"

내 말에 그 친구는 거의 충격을 받은 얼굴이었다.

"4년이나 쉬었다고? 그게 가능해?"

친구의 말에 나는 웃으며 답했다.

"가능하더라고. 마지막 연애가 끝났을 때 난 완전히 지쳐 있었어. 감정의 문을 완전히 닫아버렸지. 거의 나 자신을 포기한 거나 다름없었어. 하지만 이제 준비가 된 것 같아. 이젠 시작할 수 있을 것 같아."

그러자 친구가 다시 물었다.

"사랑할 준비가 됐다는 걸 어떻게 알아?"

그 말에 나는 자신 있게 답했다.

"이젠 나 자신을 사랑하거든."

마지막 연애가 끝나고 나서 자기 증오와 자책의 세월을 얼마쯤 보낸 뒤에 나는 자기애 실험에 뛰어들었다. 그리고 그 과정에서 전에는 한 번도 가져보지 못했던 자기 수용을 경험했다.

지나고 나서 생각해보면 극도의 자기 증오와 자기 파괴의 순간들은 모두 다 내가 고통 속에서 나 자신의 존재 이유를 보도록 돕기 위해 내 인생에 존재했다. 그것은 나에게 깊은 감정적·정신적 성장의 과정이자 육체적 성장의 시간이기도 했다. 그래서 나는 한동안 '내 고통에는 목적이 있다.'는 만트라를 반복했다.

모든 고통에는 목적이 있다. 고통은 우리를 자기 자신으로 살아가는 새로운 길로 안내하기 위해 존재한다.

처음으로 당신의 상태를 있는 그대로 받아들이게 되면, 그러니까 당신의 모든 것, 이상하고 변덕스러우면서도 근사하고 아름다운 자아를 받아들일 수 있다면, 자신을 내보였으므로 세상이 훨씬 더 나은 곳이라는 사실을 경험하게 될 것이다. 과거에는 대응하기도 힘들고 참을 수 없고 심지어 무서워 보였던 것들이 갑자기 더 온화하고 평화롭게 보일 수 있다. 그건 당신이 더 온화하고 평화로워졌기 때문이다.

특정한 감정이나 상태, 목표에 도달할 필요는 없다. 자기 자신을 있는 그대로 존재하도록 두고, 눈부시게 아름다운 자신의 경이로움을 받아들일 수 있다면 그것으로 충분하다.

Q&A
"지금 나는 내가 성장하도록 돕는 일을 겪는 중인가? 아니면 최근의 성장을 축하하는 중인가?"
언제나 이 두 가지 상태만이 존재한다는 것을 기억하라.

원칙 2

어렸을 때 되어야 했던
바로 그 존재가 되어라

살아가면서 우리는 여러 상황들을 겪는다. 자기 자신에게 솔직해지면 인생에서 변화를 느끼게 되는 순간을 정확히 포착할 수 있다. 변화는 관점을 바꾸는 순간이다.

인생에서 어느 한 시점, 대체로 어릴 때는 안전하고 사랑받는다는 느낌을 받는다. 그러다가 무슨 일인가 벌어진다. 부모가 고함을 지르기 시작하고, 누군가가 신뢰를 깨는 행동을 할 수도 있으며, 어떤 사람의 진면목을 보게 되기도 한다. 안전하고 사랑이 가득하던 세계가 갑자기 불확실하고 두려운 세계로 변하는 것이다.

그럴 때 우리는 감정의 벽을 쌓아올리고 스스로에게 과잉 보상을 함으로써 그런 상황에 적응한다. 다시는 그런 상황에 빠지지 않도록 충돌을 피하려고 안간힘을 쓰면서 과식과 과로 같은 새로운 행동양식을 배우게 된다.

다행스럽게도 이런 습관을 되돌릴 수 있다. 자신에게 고통을 주었던 상황을 떠올린 뒤 사랑이 담긴 결말이 되도록 이야기를 다시 쓰면 된다. 자신의 어린 자아를 순순히 내보임으로써 말이다.

나는 토니 로빈스에 관한 다큐멘터리 '멘토는 내 안에 있다 I Am Not Your Guru'를 보던 중에 자기 자신을 내보이는 힘에 대한 영감을 받았다.

그 영화에서 토니 로빈스는 참가자들에게 "성장하면서 누구의 사랑을 가장 갈망했습니까?"라고 물었다. 당신이 자기 자신에게 이 질문을 꼭 하기를 바란다. 이 질문이 돌파구가 될 수 있기 때문이다.

살아오면서 나는 나 자신에게 한 번도 이런 질문을 해본 적이 없었다. 어릴 때 매우 사랑받으면서 자랐지만, 토니 로빈스의 질문을 나에게 했을 때 나는 곧바로 아버지를 떠올렸다. 어릴 때 나는 늘 아버지의 인정과 사랑을 얻으려고 노력했다. 아버지는 항상 나를 사랑한다고 말했지만 한 번도 내가 이해할 수 있는 방식으로 사랑을 보여준 적이 없었다. 아버지는 항상 일이 많았고, 퇴근하고 집에 오면 피곤해하셨다. 나는 아버지에게 감정을 표현하는 게 어려웠다. 아버지와 나 사이에는 언제나 벽 하나가 우뚝 서 있는 것 같은 기분이었다. 그 결과 아버지와는 애정 어린 연결성을 느끼지 못했고, 그래서 대부분의 사람들이 하는 행동을 나도 했다. 감정적으로 과잉 보상을 했다는 말이다.

토니 로빈스는 아까 했던 질문에 이어서 이렇게 물었다.

"아버지를 위해서 당신은 어떤 사람이 되어야 했나요?"

나는 성공해야 했다. 공부에 뛰어들어서 기대 이상의 성적을 내는 학생이 되었다. 내가 좋은 성적을 받거나 상을 탔을 때만 아버지가 나를 사랑한다고 느꼈기 때문이다.

아버지는 단것과 감자 칩을 사랑했다. 나는 아버지와 유대감을 갖기 위해 항상 먹을 수 있는 양보다 더 먹었다. 어릴 때 나는 살이 많이 쪘다. 먹는 것은 아버지와 연결되기 위한 수단이었다.

아홉 살 때 나는 극도로 과체중인 상태가 되었다. 그러자 아버지가 내 몸무게를 언급했다. 아버지는 나를 '공포의 허벅지'라고 불렀다. 아버지가 나를 기분 상하게 하려고 했던 말은 아니었다. 하지만 나는 그 말에 좌절했다.

나는 그 순간을 기억한다. 인생에서 감정적으로 문을 걸어 닫고, 마음에 감정의 벽을 쌓아올린 것이 바로 그때였다. 나는 못생기고, 사랑받지 못하고, 극도로 매력 없는 존재라고 느꼈다. 아버지에게 악의는 없었다. 하지만 나는 아버지의 말을 내가 사랑스럽지 않다는 증거로 받아들였다. 그 결과 당연하게도 내가 못생기고 뚱뚱하고 사랑스럽지 않은 존재라고 믿으면서 성장했다.

자신이 바라는 방식으로 아버지의 사랑을 받지 못했기에 아버지에게 사랑받지 못했다고 느꼈던 그 소녀는 살아오면서 나를 떠난 적이 한 번도 없었다. 그러다 보니 나는 수십 년 동안 내가 원하는 것을 결코 줄 수 없는 남자들과 만났다. 그 남자들은 나를 사랑했고 나도 그들을 사랑했다. 하지만 나는 사랑받는다는 기분을 전혀 느끼지 못했다. 내가 정말로 바라는 방식으로 그들이 나를 사랑해줄 것이라고 생각한 적이 한 번도 없었다.

자기애 실험을 하고 나서야 나는 그 모든 것이 아버지와의 관계 때문이라는 사실을 알게 되었다. 다행스럽게도 이런 상황은 너무나 흔하게 벌어지는 일이고, 해결책도 생각보다 간단하다. 먼저 자신에게 해를 끼쳤던 상황으로 돌아가야 한다. 살면서 당신을 뿌리까지 뒤흔들었던 일은 무엇인가? 당신은 그 상황에서 바라는 것을 얻지 못했고, 그래서 다시는 그런 일이 일어나지 않도록 자신의 행동을 조정하는 법을 배웠을 것이다.

모든 사람에게는 치유해야 하는 불균형이 있다. 치유하는 방법은 취약함을 되찾고 자신의 감정을 있는 그대로 느끼는 것이다.

일단 근본 원인을 밝히고, 어린 내가 자신의 진실을 느끼고 표현할 수 있게 해주면 성인이 된 나는 치유될 수 있다. 나는 그런 과정을 통해 자기애를 되찾았다. 이제는 아버지를 전혀 탓하지 않는다. 사실 자기애 실험을 하기 전에 나에게 가족과 문제가 있느냐고 물었다면 나는 절대로 없다고 말했을 것이다. 이것은 어린 시절의 상처와 관련되어 있다. 이 상처들은 때로는 실제적인 원한이나 원망으로 드러나지 않는다. 대개의 경우 상처의 영향을 인지하지도 못한 채 상처를 받는다.

자기애 실험이 내게 준 진짜 선물은 내 고통의 근본 원인을 알아낸 것이었다. 대부분 부모나 다른 가족 구성원 사이에서 사랑이 부족한 것이 원인이다. 토니 로빈스의 가족 패턴 치유법을 이용하여 자기 자신에게 다음과 같은 질문을 해보자.

1. 성장하면서 누구의 사랑을 가장 갈망했나?

2. 그 사람을 위해서 어떤 사람이 되어야 했나?

3. 그 사람의 어떤 점을 탓하는가?

4. (그런 상황이 없었다면 지금의 당신이 될 수 없었을) 그 사람이 준 선물은 무엇인가?

5. 그를 용서하고 과거의 고통을 흘려보내라.

6. 자기 자신을 있는 그대로 축복하라.

일반적으로 우리는 우리에게 문제가 있으면 안 될 것처럼 여기지만 문제가 있다는 것은 그리 큰일이 아니다. 오히려 그 일이 문제라고 여기는 인식 자체가 더 큰 문제다.

모든 문제들은 성장하도록 돕는다.

사람마다 얻는 교훈은 각각 다르겠지만, 자기애는 언제나 어린 시절의 고통스러운 상황을 극복해낸 결과이다. 그런 의미에서 아버지는 내게 굉장한 선물을 주었다. 아버지의 관심 부족 덕분에 나는 나를 진심으로 사랑하는 법을 배웠다. 만약 아버지가 내가 바라던 아버지였다면 지금의 내가 되지 못했을 것이다. 아버지가 감정을 터놓고 표현하지 않았기에 나는 나를 사랑하는 법을 배울 수 있었고, 다른 사람이 증명해주지 않아도 스스로 내 존재를 증명할 수 있는 사람이 될 수 있었다. 나는 그런 아버지가 고맙다.

당신은 누구에게 고마워할 수 있는가? 상처를 너무 많이 줘서 당신이 새로운 존재 방식을 배울 수밖에 없게 했던 사람은 누구인가? 모든 고통에 대해서 그 사람을 탓하는 대신 그로 인해 변화된 점에 대해서 그 사람에게 고마워할 수는 없을까?

나는 그렇게 하려고 노력했다. 음식을 먹을 때 아버지가 내가 뚱뚱하고 사랑스럽지 않다는 기분을 느끼게 만든 데 대해, 내가 있는 그대로 충분하다고 말해주지 않은 데 대해, 내가 가장 필요할 때 아버지가 없었다는 데 대해 아버지를 탓하는 대신 아버지로 인해 새롭게 배운 것들을 고마워하는 것으로 태도를 바꿨다.

내게 관심이 부족하고, 자기 감정을 잘 표현하지 못하는 사람이었음에도 내가 나 자신을 사랑하는 법을 배울 수 있게 도와준 아버지가 고맙다. 나에게 그토록 마음을 써서 내 모든 꿈과 노력에 대해 감정적으로 나를 지지해준 아버지가 고맙다.

모든 것은 연결되어 있다. 어릴 때 느낀 고통은 영혼의 성장을 돕는 인생 교훈 중 하나이다. 모든 문제들은 길이고, 만나는 모든 사람들은 당신이 성장하도록 도우려고 당신의 인생에 존재한다. 자라면서 가장 갈망했던 사람의 사랑이 자기애의 근본 원인이다. 자신의 과거로 돌아가서 성인이 된 뒤로 한 번도 받아본 적 없던 사랑을 자기 자신에게 주어라.

Q&A
"어린 자신을 위해서 당신은 어떤 사람이 되고 싶은가?"

원칙 3

선택권이 없다고
생각하는 것도 선택이다

자기애 실험을 하는 동안 나는 귀중한 교훈을 하나 배웠다. 바로 우리에게는 언제나 선택권이 있다는 사실이다. 마치 자신에게 선택권이 없는 것처럼 느껴지는 경우도 있다. 그 역시 사실은 하나의 선택이다.

나는 수년 동안 내가 살을 뺄 수 없을 것처럼, 뚱뚱할 수밖에 없는 운명인 것처럼, 사랑스럽지 않은 존재인 것처럼 느꼈다. 뭘 하든 나에게는 선택권이 없다고 주장했다. 내 좌절감 안에 갇혀 있었던 것이다.

그러나 돌아보니 그것 역시 나의 선택이었다. 그리고 솔직히 말하면 그 선택은 오랜 세월 나에게 도움이 되었다. 다시 말하면 과체중이었던 게 실제로 잠깐 동안은 나에게 도움이 됐다는 말이다.

나는 연애가 끝난 뒤 망가졌다. 저술과 강연 활동으로 세상에 더 많이 알려지기 시작하던 무렵이었다. 여분의 살은 몇 년 동안 충전재 역할을 했다. 지금은 내가 살이 찐 목적을 잘 안다. 하지만 그때 그 상황에 있는 동안에는 과체중인 상태에서 내 몸을 미워하면서 마치 내게 선택권이 없는 것처럼 행동했다. 그런 생각에 나를 가둬버렸다. 계속 희생자 전술을 사용하게 만들고, 불안정한 감정을 느끼게 했다.

그것이 내게 도움이 되지 않는다는 것은 명백했다. 결국 나는 인생의 모든 것을 하나의 선택으로 보기 시작했고, 의도적으로 선택하기 시작했다.

자기 통제력이 결여된 희생자 역할을 하는 대신에 아침 식사로 아이스크림을 먹기로 '선택'한다면 그건 전혀 다른 의미다. 내게 내 삶을 선택할 힘이 있다는 뜻이다. 내가 내 삶을 선택할 힘을 더 많이 가지고 있다는 기분이 들면 건강해지기 위한 행동을 더 많이 하게 될 것이고, 이것이 자기애로 이어질 가능성이 높다.

우리에게는 언제나 선택권이 있다. 선택권이 없다는 생각이 자신을 옴짝달싹 못하게 만들 뿐이다.

지금의 삶에서 자신의 선택권이 없다고 느껴지는가. 일반적으로 답답하고 가로막힌 기분이 드는 인생의 한 지점이 존재한다. 그 지점에 있다면 성공할 수도 없고 앞으로 나아가지도 못할 것처럼 느껴질 것이다.

내가 알게 된 사실은 바로 그런 상태가 진정한 진전이었다는 것이다. 갇혀 있는 기분이 들 때조차도 실제로는 탈바꿈하는 성장의 시간 속에 있었다. 자기애 실험을 하는 동안 그런 지점에 갇혀 있는 기분이 들더라도 인생이 확장되고 있다고, 진짜 자기 자신이 될 기회를 끊임없이 부여받고 있다고 보는 것이 우리의 목표다.

선택권이 없는 것처럼 느낄 때 막막하고 덫에 걸린 듯한 기분이 들 수도 있다. 이런 패턴은 결과를 보는 데 도움이 되지 않는다. 두려움과 변화를 만들어낼 수 없을 것 같은 기분 안에 숨는 대신 "나는 어떤 변화를 만들어낼 수 있을까?"라고 자기 자신에게 물어봐야 한다. 힘을 돋우는 질문을 더 많이 하면 찾고 있는 결과를 보게 될 것이다.

지금 경험하고 있는 모든 상황에는 현재 상황으로 이끈 당신의 선택들이 존재한다. 자신의 선택을 하나의 기회로 봐야 한다. 잘못된 선택은 있을 수 없다. 모든 선택은 자기 자신에 대해서, 그리고 인생에서 자신이 원하고 필요로 하는 것에 대해 더 많이 배우도록 도와주기 때문이다.

Q&A

현재 처한 상황이 싫다면 새로운 선택을 해서 얼마든지 새로운 결과를 얻을 수 있다. "어떤 새로운 선택을 하고 싶은가?"

원칙 4

원하는 것을 얻으려면
원하지 않는 것을 놓아버려야 한다

현실에 발 딛고 있는 상태에서 행복해지는 첫걸음은 걱정과 스트레스를 놓아버리는 것이다. 나는 이 사실을 자기애 여정 중에 알게 되었다. 약물 중독을 극복하고, 우울증으로부터 나 자신을 치유하고, 내 마음을 따르면서 작가와 인생 상담 코치로 재기하려고 회사를 떠났을 때, 지금의 내가 되기 위해 나는 많은 것을 놓아버려야 했다.

육체적, 정신적, 감정적으로 정말 바라는 사람이 되려면 내가 반드시 되어야 한다고 생각했던 모습을 놓아버리는 법을 배워야 했다. 뭐가 됐든 인생에서 뭔가를 놓아버리는 일은 두려울 수 있다. 하지만 그것은 자기 자신을 사랑하는 놀라운 실천이다.

걱정과 스트레스를 놓아버리는 것은 내 삶에 적지 않은 영향을 미쳤다. 물론 지금도 여전히 가끔은 스트레스에 시달린다. 하지만 그럴 때마다 나는 무한한 행복에 이르기 위해 매일 상기해야 하는 목록을 찾아냈다.

이 책 직전에 출간한 《영혼을 위한 모험》에서 나는 놓아버리는 법을 배우는 매우 효과적인 과정에 대해 이야기했다. 나는 그 과정을 '달콤한 항복 접근법'이라고 부른다.

우리는 살아가면서 어쩌다 보니 궤도에서 벗어나버렸다고 말하곤 한다. 어쩌면 인생이 빗나갔을지도 모르고, 해결할 수 없는 실수를 저질렀다고 생각할 수도 있다. 이 나이쯤 되면 하고 있으리라고 예상했던 일이나 연애 혹은 그 시기에 살고 있을 법한 환경이 아니어서 걱정하고 있을 수도 있다. 예상했던 상황에 놓여 있지 않아서 실패한 기분이 들 수도 있다. 나는 이것을 '종착지 재앙'이라 부른다.

인생이 빗나간 기분이 드는 상황이 끝없이 반복되면 자기 자신에게 덧씌운 기대들을 향해 계속 손을 뻗게 된다. 이러한 기대들은 보통 충족되지 못한 욕구에서 나온다. 우리의 마음은 이런 욕구가 반드시 실현되어야 하며, 바로 성취되어야 하는 것이라고 속삭인다. 어떤 이유에서건 인생이 계획대로 되지 않으면 책임을 떠안은 채 패배감을 느낀다.

그러나 자기애 실험을 통해서 스스로 되어야 한다고 생각하는 모습을 놓아버리면 우주가 내려와 정말로 될 예정인 존재가 되도록 도와준다. 궤도에서 벗어난 것 같고, 인생에서 뭔가 이상적인 이야기를 계속 따라잡으려고 애쓴다는 기분이 들 때 우리가 진정으로 취해야 하는 자세는 '달콤한 항복'이다.

항복은 모든 것을 포기하거나 모든 것이 완벽하게 괜찮다고 자기 위안하는 게 아니다. 그저 결과를 통제하려고 안간힘을 쓰는 상황에서 기꺼이 빠져나오는 태도이다. 항상 모든 것을 책임지려고 노력하는 것은 몹시 지치는 일이다. '달콤한 항복'이 행복의 열쇠인 이유는 바로 이 때문이다. 항복은 자신이 바꿀 수 없는 것을 인식하고 받아들이는 것이다. 기대를 놓아버리면 항복이 가능하다.

우리는 상황을 통제하지 않았을 때 발생할 위험 때문에 인생을 통제하려고 애쓴다. 근본적으로 통제는 두려움에서 기인한다. 통제는 특정한 성과, 자신에게 최선이라고 확신하는 결과에 따라붙는 결과물이다.

나는 종종 우리 고객들이 상황을 통제하려는 것을 두고 신처럼 행동하려 한다고 말한다. 결과에 집착하면 우주가 정말로 내게 필요한 것을 얻을 수 있게 도와주는 것을 방해한다. 실제로는 항복 뒤에 숨겨진 에너지가 통제 안에 존재하는 필사적인 에너지보다 훨씬 더 많은 것을 이뤄낸다.

둘 사이의 차이점이 무엇일까. 통제 에너지는 빡빡하고, 제한적이고, 보통은 미친 듯이 정신없다. 해결책을 알아내려고 노력하면 할수록 마음이 과거에서 미래로 빠르게 왔다 갔다 하느라 분주해진다.

그럴 때 부디 항복 모드로 전환하기 바란다. 그래야 차분하고, 평온하고, 가장 진실한 자아에 연결된다. 그 순간에 온전히 존재하게 된다. 자신의 욕망과 욕구를 뒷받침하기 위해 무대 뒤에서 벌어지는 일들이 있다는 사실을 알게 된다. 그것을 믿고 그 순간에 존재함으로써 집착을 놓아버린다. 인생의 모든 세부사항들에 집착하고 세세한 부분까지 관리하고 있다면, 자기 안으로 들어가서 이 만트라를 반복하라.

나는 내 인생이 자연스럽게 전개될 수 있게 한다.
나는 모든 것이 올바른 순서대로 있다고 믿는다.
우주는 나의 욕망과 나를 지지한다.

'나는 지금 무엇에 매달리고 있는가?'

자기 자신에게 물어라. 놓기가 두렵겠지만 놓아버리면 진정 원하는 것을 얻으리라는 걸 알고 있는가? 사람이나 상황이 될 수도 있고, 사고 패턴이 될 수도 있다. 내 경우에는 세 가지 다였다.

자기애 실험을 하는 동안 정말로 본모습이 되려면 기꺼이 과거의 자신을 놓아버려야 한다. 나는 내가 사랑스럽지 않고 충분히 훌륭하지 않다는 믿음을 기꺼이 놓아버렸다. 그러자 자기애가 파도처럼 밀려왔다. 자기애는 언제나 가능하다. 하지만 정말로 원하는 것을 얻으려면 반드시 원하지 않는 것을 놓아버려야 한다.

Q&A
"당신은 무엇을 기꺼이 놓아버리고 싶은가?"

더 나은 모습이 되기 위해
매일 정진하라

자기애 실험의 테마는 자신을 계속 드러내면서 최선을 다하는 것이다. 밀어붙이고, 땀 흘리고, 자신의 방식을 끝까지 고수하고, 앞서려고 남을 밟고 올라서라는 말이 아니다. 오히려 그 반대다. 내 말이 뜻하는 것은 매 순간 있는 그대로 자기 자신을 내보인다는 것이다. 좌절, 불안, 두려움, 의심이 올라와도 그것을 똑바로 쳐다보면서 "네가 보여. 난 여기 있어. 네가 있어도 나는 나 자신을 내보일 거야."라고 말하는 것이다. 그런 방식으로 계속 나아가면서 최고의 자아가 되는 과정을 존중한다. 하루하루가 진정한 자기 자신이 될 수 있는 기회다. 다만 과정 내내 자기 자신에게 친절해야 한다.

나는 매일 반복되는 일상에 스트레스를 받곤 했다. 불안해하면서 잠에서 깨고, 전날 있었던 모든 불행과 실수 때문에 참담함을 느꼈다. 내가 있어야 할 자리에 있다는 기분을 느낀 적이 단 한 번도 없었다. 그래서 늘 나를 행복하게 만들어줄 것 같은 환상을 따라잡으려고 애썼다. 그런데 그런 핑계와 내 인생을 둘러싼 기대를 놓아버리고 그저 나 자신에 전념했더니 모든 게 달라졌다.

"내가 최선을 다하고 있는 한 난 그걸로 충분해."

나는 그렇게 말하기 시작했다. '최선을 다하는 것'이 그저 하루를 버티며 보내는 날인 적도 있었다. 자기애 실험을 하는 동안에도 소파에 죽치고 앉아서 넷플릭스를 보고, 과식을 하고, 물을 충분히 마시지 않고, 운동도 충분히 하지 않은 날도 있었다. 하지만 그런 절망스러운 순간에도 나는 나에게 말했다.

"오늘도 노력하고 있어. 그저 할 수 있는 한 최선을 다했어."

이런 것을 두고 균형이라고 한다. 자기 자신을 포기하거나 안주하는 게 아니라 측은하게 여기고 감싸 안는 것. 때로 엄청난 실패자처럼 느껴질 때조차도 나는 나의 가장 친한 친구가 되기 위해 나에게 다정해야 한다는 걸 알았다. 핑계와 완벽해야 한다는 기대를 놓아버릴 때 마법과도 같은 일이 일어난다.

모든 사람을 즐겁게 해주려고 너무 힘들게 애쓸 필요는 없다. 자기 자신을 즐겁게 해주는 일에 관심을 집중시켜야 한다. 인생이 완벽해야 하고, 특징한 방식으로 일이 되어야 한디는 기대를 놓아버리면 평화를 찾을 수 있다.

Q&A
"오늘 나는 어떻게 나를 더 많이 내보일 수 있을까?"

원칙 6

어떻게 느끼는지가
어떻게 보이는지보다 중요하다

자기애 실험의 원칙 중 하나는 자신이 남들에게 어떻게 보이는지와 남들이 자신을 어떻게 여기는지에 너무 많은 초점을 맞추지 않는 것이다.

실험을 하기 전에 나는 다른 사람의 기준에 맞추고 그들에게 받아들여지려고 애쓰는 데 너무나도 많은 시간을 쓰면서 정작 나 자신을 받아들이지는 못했다. 그 결과 내가 한 모든 노력들이 아무 소용이 없었다.

자기애 실험을 시작할 당시 나는 내가 못생기고 추레하다고 느꼈다. 그리고 실험이 계속되면서 외모가 문제라고 생각하는 시각 자체가 문제라는 사실을 깨달았다. 그래서 잘 풀리지 않는 일에 관심을 끄고, 내가 어떤 감정을 느끼고 싶어 하는지에 집중하기 시작했다.

내년으로 돌아서서 "나는 어떤 식으로 느끼고 싶은가?"라고 물었다. 비록 과체중이었지만 나 자신에게 이렇게 말했다. "난 내 피부 안에서 편안함을 느끼고 싶어. 활기와 건강함을 느끼고 싶어."

나는 핵심적인 감정에 오롯이 집중하기 시작했다. 그러자 얼마 안 가 외부 세계가 달라졌다. 내가 어떻게 보이는지가 아니라 내가 어떻게 느끼고 싶은지에 완전히 초점을 맞춘 덕에 내 습관들 역시 바뀌기 시작했다. 새 체육관에 등록했고, 유기농 식품점에서 쇼핑을 하고, 집에서 요리를 더 많이 하기 시작했다. 엘리베이터 대신 계단을 이용하거나, 더 많이 걸을 수 있도록 입구에서 먼 곳에 차를 대는 등 사소한 변화들을 만들어갔다.

얼마 지나지 않아 내 몸과 정신이 극적으로 개선되었다. 몸무게가 더 많이 빠졌고, 활력이 느껴졌다. 내 경우에 자기애의 핵심은 내가 즐기는 활동을 찾는 것이었다. 하기 싫은 일처럼 느껴지지 않고 기쁨을 가져다주는 그런 일들. 나는 스피닝(운동용 자전거 타기_옮긴이)을 아주 좋아한다. 그래서 여행할 때 여러 도시에서 꼭 운동을 했다. 뉴욕, 베를린, 캘리포니아에서도 사이클링 스튜디오에 다녔다. 이런 작은 변화들은 단순히 일회성으로 끝나는 것이 아니라 나의 생활방식이 되었다. 과체중인 내 몸을 더 이상 문제로 보지 않게 되면서 내가 바라던 감정인 자기애에 더 빨리 가닿을 수 있었다.

유일한 방해물은 자기 자신의 생각뿐이다. 나는 내가 과체중이라서 달리기를 하거나 데이트를 하거나 사랑에 빠지지 못할 거라고 생각했다. 늘 신체 사이즈에 집착했고, 내 덩치가 얼마나 큰지에 초점을 맞췄다. 그런데 내가 할 수 있는 것, 내가 느끼고 싶어 하는 감정에 초점을 맞추자 상황이 더 나아지는 것을 느꼈다.

일단 자신의 한계를 놓아버리면 더 많이 할 수 있고, 더 많이 될 수 있고, 더 많이 가질 수 있다.

좋은 기분을 느끼는 데 관심을 두자 상황이 근본적으로 달라졌다. 나는 이것을 '아하!' 깨달음의 순간이라고 부른다. 그 깨달음의 순간은 내가 인스타그램 팔로잉 숫자에 집착한다는 사실을 알았을 때 찾아왔다.

평소에는 소셜 미디어의 팔로워 숫자에 별로 신경 쓰지 않왔다. 그런데 기쁨과 사랑이 가득한 자기애를 실천하는 커뮤니티를 만들 때였다. 진심으로 그 커뮤니티를 키우고 싶었기에 나는 초반 사흘 동안 가입자 수에 유달리 집착했다. 내 팬사이트를 키우고 '좋아요'를 더 많이 받는 데 초점을 맞추다보니 인스타그램을 손에서 놓을 수가 없었다. 친구들과 함께 시간을 보내는 대신 '좋아요' 숫자를 늘리려고 핸드폰에 매달렸다. 아침에 눈 뜨자마자 제일 먼저 하는 일은 내 계정을 들여다보는 일이었다.

그러던 어느 날 우리 집 발코니에 앉아 있다가 불현듯 깨달은 게 있었다. 내가 소셜 미디어에 집착하게 된 시점이 내 몸을 더 사랑하게 된 후라는 것을. 나는 더 이상 내 몸이나 몸무게에 집착하지 않고 있었다. 나 자신을 사랑했고, 인생에서 정말로 행복을 느끼기 시작했다. 그러자 자연스럽게 마음이 걱정거리가 될 만한 다른 것을 찾으려 했던 것이다. 내가 더 이상 몸에 대한 불안에 집착하지 않았기 때문에 나의 에고가 집착할 만한 새로운 것을 찾아냈고, 그게 바로 인스타그램 팔로잉 숫자였다.

새로 발견한 나의 집착은 '걱정'이라는 오랜 습관의 다른 이름일 뿐이었다. 나는 늘 뭔가 걱정할 게 있어야 안심했다. 자기애를 갖게 되면서 신체 사이즈나 외모에 더 이상 집착하지 않게 되자 몸에 대한 집착이 인스타그램 팔로잉 숫자로 대체됐던 것이다.

나는 팔로워 수가 늘면 내가 더 유명해지고, 사람들이 날 더 좋아하게 될 거라고 생각했다. 사람들이 나를 더 진지하고 영향력 있는 작가라고 생각하고, 업계에서도 더 인정받을 수 있을 것 같았다. 하지만 그건 사실이 아니었다. 팔로워 수는 하나도 중요하지 않았다. 내가 나를 사랑하지 않으면 인정받았을 때조차도 여전히 부족하다고 느낀다는 걸 나는 경험으로 알고 있었다. 나는 팔로워 수를 늘리는 데 집착하는 대신 올바른 질문을 던지기로 했다. 내가 인스타그램을 통해서 느끼고 싶은 감정이 무엇이냐 하는 것이었다. 그 질문의 답은 내가 뿌듯함을 느끼고 싶어 한다는 것이었다. 그래서 나는 소셜 미디어 숫자에 관심을 끄고 나를 자랑스럽게 여길 수 있는 감정에 초점을 맞추기로 했다. 내가 나 자신의 든든한 지지자가 되자 외부 세계가 이를 반영하기 시작했다. 내가 쓴 글과 책에 대한 진심 어린 고마움을 표현하는 사람들의 이메일과 논평이 더 많아졌다. 소셜 미디어 계정 팔로워 숫자도 늘어났다. 그것도 엄청나게 많이. 5개월 만에 페이스북 커뮤니티

@ShannonKaiserWrites의 가입자 수도 6만 명을 넘어섰다.

나는 이것이 스스로를 자랑스럽게 여기고 자기애에 이르는 데 집중한 덕분이라고 진심으로 믿고 있다. 나는 외부적인 조건에 나를 맞추는 대신 나의 참 자아에 초점을 맞췄다. 내가 나를 사랑할 때 다른 사람들도 그것을 느낄 수 있다. 비록 모니터를 통해 보는 것이지만 사람들은 진짜가 뭔지 안다. 그러니 겉모습이 아니라 감정에 집중해야 한다. 그러면 근본적으로 철저히 달라진 결과를 보게 될 것이다.

Q&A
"당신은 어떤 감정을 느끼고 싶은가?"

원칙 7

상황은 당신에게 일어나지 않는다.
당신을 '위해' 일어난다

인생에서 일어나는 모든 일들이 당신을 위해 계획적으로 조직된 것이라면 어떨까. 만나는 모든 사람들은 당신 인생의 모험 속 등장인물들이다. 모든 상황이 줄거리를 이루고, 약간의 극적인 상황과 훌륭한 사건이 전개되도록 하기 위해서 당신의 인생에 존재한다. 아마도 가장 관심을 사로잡는 매력적인 원칙은 여러 상황, 문제, 일들이 당신에게 일어나는 게 아니라 실제로는 '당신을 위해서' 일어난다는 사실을 이해하는 것이다. 지금 겪고 있는 모든 일, 지금껏 겪어온 모든 일, 그리고 앞으로 겪게 될 모든 일이 더 큰 계획의 일부라는 점에서 이러한 인식은 아름답다.

인생에서 벌어지는 모든 일은 계획적이다. 그것들은 본질적으로 당신을 위해서, 당신에게 교훈을 주기 위해서, 그리고 스스로 알게 된 것을 새로운 상황에 적용할 수 있는 기회를 주기 위해서 존재한다. 닐 도널드 월쉬Neale Donald Walsch는 이 사실을 아주 멋지게 표현했다.

투쟁 상태에 있어도 괜찮다. 투쟁은 성장의 또 다른 말일 뿐이다. 가장 진화한 존재들조차도 가끔은 투쟁 상태에 빠지곤 한다. 사실 그들에게 있어서 투쟁은 자신이 확장되고 있다는 확실한 증거다. 실질적이고 중요한 진전의 암시다. 투쟁하지 않는 이는 성장하지 않는 사람이다. 그러니 지금 투쟁하고 있다면 그 투쟁을 아주 멋진 신호로 봐야 한다. 자신의 투쟁을 축하해야 한다.[14]

명심하라. 모든 것이, 전부 다 당신을 위해서 일어난다. 나는 내가 불행하고, 비참한 상태에 계속 머물러 있다고 생각하면서 수십 년을 보냈다. 나는 항상 생각했다.

'난 항상 식습관을 조심해야 하는데, 내 친구들은 어째서 먹고 싶은 건 다 먹으면서도 저렇게 날씬할 수 있을까? 난 뚱뚱

---

14 Neale Donald Walsch, Conversations with God: An Uncommon Dialogue, New York: G.P. Putnam's Sons, 1996.

할 수밖에 없는 운명이야.'

자기애 실험을 하는 동안 자기 인생을 인정하는 힘, 자기가 아는 것을 책임지는 힘을 발견할 수 있다. 지금의 결과가 싫다면 다른 선택을 할 수 있다. 짜릿함이 느껴지지 않는 상황을 선택한 것과 마찬가지로 그런 상황에서 벗어나는 것도 선택할 수 있다. 이런 선택은 자기 인생을 인정하고 자신만의 창의적인 모험을 오롯이 책임지게 한다.

나는 이 책에서 이 원칙에 관해 분명히 이야기했다. 어떻게 하면 상황을 좌절이 아니라 기회로 볼 수 있는지 생각해봐야 한다. 모든 일이 당신의 행복을 위한 것이고, 당신을 위해서 일어난다는 사고방식을 취한다면 어떻게 될까? 분명 힘든 시간을 더 여유 있고 수월하게 통과할 수 있을 것이다. 곤란한 상황을 자기 자신에 관해 더 많이 알게 되는 기회로 보는 데도 도움이 될 것이다. 머지않아 그런 상황들이 더 위대한 인생 계획에 어떤 식으로 부합하게 되는지 확인하게 될 것이다.

Q&A
"나를 힘들게 하고 있는 현재 상황들에서 오는 좋은 점은 무엇인가?"

원칙 8

안을 키우면
밖이 융성할 것이다

내가 가장 좋아하는 원칙 가운데 하나는 안을 보살피면 바깥도 제대로 기능하고 번창할 것이라는 원칙이다. 이 원칙은 내가 안으로 관심을 돌리고 나를 돌보는 데 집중했을 때 분명하게 나타났다.

자기 돌봄을 삶의 우선순위에 두면 외부 세계가 이를 반영하기 시작한다. 삶에서 자신이 중요하다고 여기는 것에 대해 생각해보기 바란다. 건강해지고 싶지만 계속해서 과식하거나 몸을 움직이지 않으려는 자기 파괴적인 습관에 빠져 있는가? 혹은 연애를 하고 싶을 수도 있다. 보이는 것에 지나치게 초점을 맞추는 바람에 내면세계에는 별로 관심을 기울이지 못하고 있을 수도 있다. 내가 말한 '내면세계'는 자기 자신과 관계를 맺는 것을 의미한다.

나는 4년 동안 데이트 안식 기간을 가졌다. 남자를 만나기 전에 나의 내면세계를 먼저 돌보고 싶었기 때문이다. 정말로 나 자신을 사랑함으로써 나에 대한 존중을 느끼고 싶었다. 오직 그럴 때에만 자기 자신을 사랑하는 남자를 끌어들일 수 있다고 믿고 있다. 치유에는 시효가 없다. 중요한 것은 치유를 선택하고 일관성을 유지하는 것뿐이다. 사랑과 연민으로 나를 돌보는 데 더욱 더 초점을 맞출수록 내가 만나는 남자들의 수준도 올라갔다. 나는 영적이고, 건강하고, 인류에 마음을 쓰는 남자들을 만나기 시작했다. 비판을 덜 하고, 자신의 꿈을 실현하는 데 전념하는 남자들. 마음이 열려 있고, 개인적 성장과 삶에서 만족감을 느끼는 데 헌신하는 남자들.

실험을 하기 전에는 그런 남자들이 있는지조차 알지 못했다. 하지만 나 자신을 사랑하게 된 뒤로 나는 내가 세상에 내놓는 것을 끌어들이게 된다는 사실을 발견했다. 내가 진심으로 나를 사랑하고 나서야 나와 똑같은 부류의 사람들을 더 많이 만날 수 있었다. 나는 자기애를 '찾았다'고 말했지만 자기애는 언제나 자기 자신의 일부로 자기 안에 있다. 그러니 그저 자기애가 빛나도록 겹겹의 층들을 벗겨내기만 하면 된다.

Q&A

자기애에 이르도록 돕는 데 매우 효과적인 다음의 질문들을 스스로 해보자.

"나와 다른 사람들, 나와 나 자신과의 관계의 특징은 무엇인가?"

"어떻게 하면 나를 더 많이 보살필 수 있는가?"

"내가 현재 갖고 있지 않은 것 중에서 필요한 것은 무엇인가?"

"어떻게 하면 가장 필요한 것을 나에게 줄 수 있을까?"

원칙 9

자신을 더 많이 보여줄수록
인생이 술술 풀릴 것이다

어릴 때 나는 엄청 놀림을 받았다. 성장하는 동안 다른 아이들은 언제나 나를 보고 별나다고 말했다. 사람들이 나더러 별나다고 하면 나는 몹시 좌절하곤 했다. 어른이 되어서도 마찬가지였다. 20대 시절 데이트하던 남자들이나 친구들이 한 번이라도 별나다는 말을 하면 그 말이 어린 시절의 불안에 방아쇠를 당겼다. 그러면 나는 몹시 기분이 나빠졌다.

기분이 나빠지는 이유는 오직 하나, 말이나 상황 속에 있는 뭔가가 여전히 치유되어야 할 곳을 비추기 때문이다.

그렇지 않다면 어떤 말을 들어도 개의치 않을 것이다. 따라서 기분 나쁘거나 정말로 감정을 상하게 하는 상황이나 사람이 있다면, 그런 상황을 받아들이는 법을 배우지 못한 자신의 일부가 여전히 존재한다는 것을 알아차려야 한다.

나는 사람들이 나를 별나다고 하면 불안했고, 그 말이 너무나 싫었다. '별나다'는 말은 따돌림받는 사람, 어울리지 못하는 사람이라는 의미로 들렸기 때문이다. 내가 가장 바라는 것은 사람들과 어울리는 것이었다. 그런데 별나다는 말을 들으면 내가 그럴 수 없는 사람처럼 느껴져서 감정적으로 문을 닫아버렸다.

내가 그것을 극복한 것은 자기애를 통해서였다. 근래에 어떤 사람이 나에게 별나다고 말했을 때, 나는 난생 처음으로 기분이 나쁘다거나 나 자신을 방어해야겠다는 생각이 들지 않았다. 나는 미소를 지으며 말했다.

"맞아요, 제가 좀 그렇죠?"

자기 자신을 받아들이면 더 이상 타인의 인정이 필요하지 않게 된다. 그리고 내 행동이 이상하다기보다는 단지 그 사람이 그렇게 인식하고 있을 뿐이라는 사실을 알게 된다. 그러니 그 여성의 말은 내게 아무런 영향을 미치지 못한다. 이것이 바로 자기애의 진정한 힘이다. 있는 그대로의 자기 모습을 받아들이고, 사랑할 수 있게 된다. 남들이 나를 별나다고 여겨도 나는 그저 나를 사랑할 뿐이다.

　오히려 이 과정을 통해서 나는 진짜 나를 세상에 보여주는 힘을 알게 되었다. 그리고 그렇게 할 때만 인생이 제대로 흘러갈 수 있다. 무슨 말인가 하면 자신의 불안을 사랑하고 동시에 자신을 더 많이 드러내라는 것이다. 진짜 자아를 더 드러낼수록 당신을 좋아하는 사람들과 보조를 맞추기가 더 쉬워진다.

　앞에서 소셜 미디어와 팔로잉 늘리기에 집착했던 때에 대해서 이야기했었다. 내가 남들의 관심과 인정을 받고 싶다는 집착을 끊고 더 많은 사람들에게 자연스럽게 다가갈 수 있었던 것은 내가 나 자신을 더 보여주기로 결심했기 때문이었다. 나는 남들이 좋아할 것 같은 내용을 포스팅하는 것을 그만두고, 내가 정말로 바라고 느끼는 것을 말하기 시작했다. 그러자 사람들이 나와 더 연결되는 데 도움이 되었다. 진짜 나를 표현하고 보여주는 실험을 시작했을 때 나는 다른 사람들과 연결되는 나의 탁월한 능력을 알아차릴 수 있었다.

　모든 게 자연스러웠다. 자기애 실험을 하기 전에 나는 독자들이나 청중들과 연결된 기분을 느끼기가 힘들었다. 하지만 이 책을 쓰고 있는 과정을 솔직하게 털어놓고 얘기하면서 나는 참된 관계들을 더 많이 만났다. 내 인생, 그리고 독자들, 코칭 고객들과 더 연결된 기분이 들었고, 그들도 나와 더 쉽게 연결되었다고 이야기해주었다. 더 많은 기회가 찾아왔고, 참 자아와 더 내밀하게 연결된 기분이 들었다. 내가 나의 메시지에 더 진실할수록 사람들이 나를 찾고, 나와 연결되는 일이 쉬워졌다. 이게 다 두려움과 불안 뒤에 숨는 대신 내가 나 자신에 솔직해지고 진짜 '나'를 세상에 드러내놓은 덕분이었다.

한 기업가 훈련 프로그램에서 만난 여성이 내게 이런 말을 건넸다.

"당신을 처음 봤을 때는 좀 거북했어요. 좋은 일에 집중하고, 행복을 선택하는 당신의 자기애 실험 방법이 좀 가식적이라고 느껴졌거든요."

그러고는 이내 덧붙였다.

"하지만 이제는 아니에요. 당신을 알게 되고 나서 나는 그게 진짜라는 것을 알았어요. 난 당신 곁에 더 많이 머무르고 싶어요. 삶에 대한 당신의 열정이 나 자신에 대해 좋은 기분이 들게 해주거든요."

이것이 바로 진정한 자기애의 힘이다. 자기 자신을 사랑하고 있는 그대로의 모습에 만족하면 그것이 외부에 반영되어서 다른 사람들 역시 자기 자신과 행복할 수 있게 해준다.

당신이 할 일은 더욱 자기 자신으로 존재하는 데 초점을 맞추는 것뿐이다. 영광스럽고, 굉장하고, 아름다운 자아를 드러내라. 자신의 그림자 뒤에 숨지 말고 두려움의 층들을 걷어내야 한다. 자신을 더 보여줄수록 인생이 술술 풀릴 것이다.

Q&A
"진짜 내 모습을 드러낼 수 있는 것은 내 인생의 어떤 부분일까?"

집중하는 것을
손에 넣게 된다

사람들은 내가 원하는 것을 어떻게 그렇게 빨리 얻는지 궁금해한다. 실제로 나는 원하는 것을 현실에 드러내는 데 능숙하다. 내가 원하는 것에 온 관심을 집중하기 때문이다. 내게 기쁨을 가져다주지 않는 것들에 시간을 낭비하지 않는다.

어느 날, 나는 친구들과 외출해서 한 레스토랑의 야외 파티오에서 저녁을 먹고 있었다. 친구들은 그 주에 있었던 틴더Tinder 데이트 이야기에 열을 올리고 있었다. 요즘 싱글인 친구들은 틴더 같은 데이팅 웹 사이트를 통해 데이트를 하는 게 유행이었다. 내가 자기애 실험을 하느라고 4년 넘게 데이트를 하지 않는 것을 내 친구들도 잘 알고 있었다. 그래서 그들은 틈만 나면 나에게 온라인 데이팅 서비스를 이용해보라고 권했다.

"새년, 요새는 온라인으로 남자 만나는 게 대세야. 어디서 만나든 무슨 상관이야. 만나기만 하면 되는 거지."

나는 조용히 고개를 저었다.

"난 그냥 내가 좋아하는 일을 하면서, 내가 좋아하는 방식으로 누군가를 만나고 싶어. 안 될 것도 없잖아."

내가 구식이라서 그럴지도 모르지만 나는 세상 속에서 인생을 경험하고 노는 게 좋다. 또 여전히 사람을 만난다면 온라인보다는 자연스러운 방식으로 만나고 싶다. 굳이 온라인이 아니더라도 사람을 만날 자신이 있었고, 내게 예정된 일이라면 언제나 길을 찾게 된다는 믿음을 품고 있었다.

그리고 내가 그 말을 한 지 정확히 30초 뒤, 지나가던 남자가 벽에 붙어 있는 메뉴판을 보려고 걸음을 멈추더니 우리 일행이 앉아 있던 피크닉 테이블에 합석해도 되느냐고 물었다. 근처에 살지만 한 번도 그 식당에서 음식을 먹어본 적이 없다면서. 우리는 흔쾌히 합석에 응했고, 그 남자와 즐거운 시간을 보냈다.

아쉽게도 그 남자와는 한 번의 데이트 이상으로 진전되지는 않았다. 하지만 나는 오프라인에서도 충분히 남자를 만날 수 있다는 가능성을 열어둔 덕분에 우주가 나에게 괜찮은 남자를 보내줬다고 믿고 있다. 믿으면 그 일이 빨리 일어난다. 당신이 할 일은 오직 꿈의 힘을 온전히 믿는 것뿐이다. 그리고 이 말을 명심하라. 당신이 원하는 것, 그것 역시 당신을 원한다. 이런 믿음을 갖고 있으면 당신을 멈출 수 있는 것은 아무것도 없다.

Q&A
"내가 초점을 맞추고 있는 것은 무엇인가? 나는 무엇을 원하는가?"

원칙 11

**꿈은 눈에 보이지 않는 인생의 건축술이다.
꿈을 믿어라. 꿈을 존중하라**

많은 사람들의 마음속에는 꿈이 있다. 하지만 두려움과 걱정
이 그 꿈을 추구하지 못하게 막는다. 변명 때문에 막막한 상
태, 두려움에 갇힌 상태가 되고 만다.

"나는 너무 나이가 많아."

"그것을 하기에는 교육을 충분히 받지 못했어."

변명은 잠재력으로부터 우리를 가로막는다. 변명에 집중하
기를 선택하면 그 변명이 현실이 된다. 그러니 변명의 본색,
그것이 두려움에 기초한 생각이라는 사실을 알아야 한다.

자신의 변명을 알아내면 그동안 무엇이 자신을 방해했는지
분명히 알 수 있다. 그리고 변명을 놓아버리면 결과를 더 빨리

볼 수 있다. 자기애를 경험해보지 못한 사람들은 싱글이면 자기 자신을 사랑할 수 없다고 생각한다. 과체중이거나 저체중이면 자기 자신을 사랑할 수 없다고 생각한다. 은행에 돈이 없는 자기 자신을 진심으로 받아들이지 못한다. 하지만 이런 것들은 다 변명이다. 그것이 사실이 아니라 변명이라는 것을 알아야 한다. 변명의 진짜 본질, 사실은 그게 두려움에서 비롯되었음을 알아야 한다. 그리고 우리가 기억해야 할 것은 두려움은 그저 더 많은 사랑을 불러들이라는 초대장이라는 사실이다.

나 또한 살아오면서 거대한 변명들을 만들어냈고, 그 변명들이 내 삶에 사랑을 불러들이라는 초대장이라는 것을 받아들인 다음에는 그 변명들에게 온전한 사랑을 보냈다.

변명 1 : 과체중이면 나를 사랑할 수 없다.

사랑을 담은 생각 : 자기애는 어떻게 보이느냐가 아니라 어떻게 사느냐에 관한 것이다.

변명 2 : 뚱뚱하면 남자들이 나를 사랑하지 않을 것이다.

사랑을 담은 생각 : 나는 있는 그대로 아름답다. 그리고 나의 진실한 자아와 함께 있고 싶어 하는 사람이 분명히 있다.

변명 3 : 돈이 더 많아지기 전에는 정말로 원하는 것을 할 수 없다.

사랑을 담은 생각 : 성취감을 느끼고 행복해지기 위해서 반드시 많은 돈이 필요한 것은 아니다.

작업이 어떤 식으로 진행되는지 이해할 수 있을 것이다. 스스로 이 방법을 시도해보라. 자신의 변명을 살펴보고 그것을 적은 다음 사랑이 담긴 생각으로 그 변명들을 반박하면 된다. 대개의 경우 변명은 꿈꾸는 삶의 실천을 방해하는 두려움에 기초한 생각일 뿐이다. 하지만 애정이 담긴 생각으로 변명에 접근하면 앞으로 나아갈 수 있는 추진력과 긍정적인 결과들을 더 많이 보게 될 것이다.

명심하라. 변명은 대개 진짜처럼 보인다. 당신을 속여서 그것이 변명이 아니라고 생각하게 만들 정도로 강력하다. 당신이 해야 할 일은 자기 자신에게 이렇게 물어보는 것뿐이다.

"이 생각은 나에게 한계를 주고 있는가?"

내게는 10년 넘게 글을 써오고 있는 좋은 친구가 한 명 있다. 그녀는 네 권의 책을 펴냈으면서도 자주 이렇게 말한다.

"책을 써서 돈을 벌기는 힘들어. 책 쓰는 걸로 생계를 꾸릴 수는 없을 거야."

그것은 그녀가 진짜라고 믿고 있는 생각이다. 하지만 동시에 변명이기도 하다. 자신을 제한하는 믿음, 즉 좋아하는 일을 하는 것, 내 친구의 경우에는 책을 쓰는 것인데, 그것으로 돈을 벌 수 없다는 두려움에 기초한 생각이다. 이 믿음은 그 친구가 그동안 겪어온 경험과 현실에 기초한 것이기도 하다. 하지만 실제로는 현재 상황이 어떻든지 간에 자신이 원하는 삶을 상상하고, 더 나아진 삶을 떠올릴 수 있다면, 그런 삶을 정말로 만들어낼 수 있다.

나도 처음에 직장을 그만둘 때는 내 친구와 똑같은 믿음을 갖고 있었다. 하지만 오래지 않아 그 믿음이 나를 제한한다는 것을 깨닫게 되었고, 그 믿음이 내게 도움이 되지 않는 변명이라는 것을 알아차렸다. 그래서 나는 그 변명을 사랑이 담긴 생각으로 전환했다.

"나는 좋아하는 일을 하면서 기가 막히게 돈을 벌 수 있어."

그리고 지금 나는 프랑스 파리에서 이 책의 마지막 장을 쓰고 있다. 나는 세계 어디든 여행할 수 있고 어디서든 일할 수 있으며, 좋아하는 일을 하면서 실제로 기가 막히게 돈을 벌고 있다. 내 변명을 놓아버리자마자 결과들이 나를 찾아왔다. 당신 역시 그렇게 할 수 있다. 자신의 꿈에 전념하고, 집중한 목적에 따라 그 꿈을 실행함으로써.

Q&A

자기 자신에게 해야 할 질문은 오직 이것뿐이다.

"나를 막고 있는 생각들은 무엇인가, 그리고 어떻게 하면 그런 생각들을 사랑으로 바꿀 수 있는가?"

원칙 12

자기 자신과의 관계가
인생 전반의 분위기를 만든다

안정된 직장을 관두고, 우울증과 약물 중독, 섭식 장애를 뒤로
한 채 나는 새로운 인생에 발을 내디딜 준비가 되었다. 그럼에
도 자기애 실험을 하기 전 나의 연애는 여전히 혼돈 상태였고,
불안과 고통이 차고 넘쳤다.

내 연애는 줄곧 전쟁터였다. 나는 인생의 대부분을 남자의
관심에 의존하며 살았다. 관계는 일시적이었고, 내 자존감은
함께 있는 사람에 의해 좌우됐다. 사랑받는 기분을 느끼는 데
필사적이었고, 그 결과 위험 신호를 깡그리 무시했다. 나는 애
인을 즐겁게 해주려고 모든 것을 희생하는 여자였다. 어떤 남
자와 엮이든 패턴은 항상 똑같았다. 가끔 사랑이 넘치는 순간

이 슬쩍 찾아오기도 했지만 한순간이었고, 언제나 방어적인 비난이 뒤따랐다. 사랑을 너무나도 원했던 나는 연애란 원래 그런 것이라고 스스로 믿고 있었다.

자기애 실험을 하면서 내가 나를 대하는 방식이 곧 타인이 나를 대하게 될 방식이라는 사실을 깨닫기 시작했다. 나의 연애 패턴을 살펴본 뒤 안 좋은 관계들을 영원히 끊어내야 한다는 것을 알게 되었다. 내가 원하는 것은 건강한 관계였고, 필요한 것은 마음의 평화였다. 그래서 나는 금욕을 시도했다.

나에게 부여된 1년짜리 '로맨스 디톡스'의 목적은 남자 없이도 나 스스로 아름답다고 느끼는 것이었다. 데이트 금지, 키스 금지, 섹스 금지! 이게 내 규칙이었다. 싱글로 지낸 처음 몇 달 동안은 견딜 수 없을 정도로 고통스러웠다. 큰 기쁨이 왔다가 곧바로 슬픔과 외로움 속으로 빠져들었다. 가끔은 너무 외로워서 나 자신과의 약속을 지키기가 어려웠다. 큰마음을 먹고 남자에게 나 자신을 내보인 적도 있었다. 하지만 여전히 내가 패배자가 된 것처럼 느껴졌다.

1년이 지난 뒤 내가 여전히 데이트를 할 준비가 안 됐다는 게 분명해졌다. 그래서 1년이 4년으로 바뀌었다. 데이트 안식 기간을 되돌아보면서 내가 누구인지, 내가 인생에서 정말로 원하는 것이 무엇인지에 관해 엄청난 통찰을 얻었다.

실험을 하기 전에는 내 세계를 부적절한 관계들로 채웠다. 다 사랑받고 가치 있는 존재라는 기분을 느끼려는 처절한 노력의 결과였다. 유효기간이 지나도 한참 지난 관계를 계속 유지했고, 나에게 정말로 해로운 남자들과 사랑에 빠졌다.

정신없이 사랑을 찾아다니던 상태에서 벗어나 긴 휴식 시간을 가진 덕분에 무조건적인 진정한 사랑, 오직 내 안에서만 찾을 수 있는 사랑을 만날 수 있었다. 마야 안젤루는 이렇게 말했다.

"당신 하나로 충분하다. 당신은 다른 누구에게도 증명할 게 전혀 없다."

연애할 때 자신의 사랑스러움과 가치를 증명하려고 지나치게 애쓰는 사람들이 너무나도 많다. 함께 있는 사람의 사랑을 잃을까 봐 두려워서 말이다.

하지만 나는 자기애 실험을 통해서 내가 있는 그대로 충분하다는 사실을 깨달았다. 사람들이 나를 좋아하게 하거나, 누군가와의 사랑을 유지하기 위해서 다른 사람이 되려고 노력할 필요가 없다. 남들이 자신을 홀대하게 놔두지 않으면 당신에게 그런 일이 일어나지 않는다.

자기애 실험을 하기 전의 나는 화나고, 두렵고, 불안하고, 막막했다. 하지만 지금 내 인생은 나에 대한 연민과 사랑, 기쁨이 움직이고 있다. 나는 내 인생과 최고의 관계를 맺고 있다. 그리고 여전히 싱글이다.

자기 자신을 대하는 방식이 다른 모든 것들에 대한 분위기를 형성한다. 사랑이 담긴 에너지로 나 자신과 관계를 맺기 시작하자 내 인생에 좋은 관계들을 더 많이 끌어들이게 되었다. 나는 탄탄한 친구 집단을 구축했다. 대부분 나처럼 여행하기 좋아하고 자신의 꿈에 집중하는 사업가들이다. 자기 자신을 더 다정하게 대하면 인생이 수월해진다. 사랑과 존중으로 자기 자신을 대하면 다른 사람들도 똑같은 방식으로 당신을 대할 것이다. 그러니 망설일 게 무엇인가.

Q&A

자신에게 질문해보자.

"어떻게 하면 자기 자신을 훨씬 더 잘 대할 수 있을까?"

원칙 13

자기 자신을 치유하면
세상을 치유하는 데 도움이 된다

자기애 실험을 하면서 알게 된 것은, 자기 자신을 치유하고 자신의 길을 돌보는 데 초점을 맞추면 세상 전체를 돕게 된다는 사실이다.

그 이유는 첫째, 이 지구상에 고통받는 사람이 한 명은 줄어들기 때문이고, 둘째, 애정이 담긴 다정한 에너지를 세상에 더 많이 분출하는 것이야말로 세상이 바라는 일이기 때문이다.

'healthy self(건강한 자아)'라는 말을 재조합하면 'heal thyself(자기 자신을 치유하라)'가 된다. 건강에 초점을 맞추는 것은 치유에 초점을 맞추는 것이다. 모든 사람들에게는 고통을 유발하는 상황이나 문제, 생각들이 있다. 그것들을 보듬고 자기 자신을 치유하는 데 집중하는 것이 자기애의 핵심 요소다. 단 연민과 배려를 통한 치유에 집중해야 한다.

어떤 사람들은 병들거나 궤도에서 이탈한 기분을 느끼면서 건강하지 못하고 더 멀리 나아가지 못하는 자신에 대해 자책한다. 자신이 완벽하게 건강해지지 않으면 뭔가 문제가 있는 것처럼 느끼는 것이다.

내 경우에는 나 자신을 있는 그대로 사랑하지 못하고 몸에 대한 극도의 분노를 갖고 있는 것이 나를 부족한 사람으로 여기게 했다. 남들은 항상 준비된 것처럼 보였고, 나만 궤도에서 이탈해 뒤처진 것 같았다.

하지만 자기 자신을 남들과 비교하는 것은 자신을 치유하는 올바른 방법이 아니다. 우리에게는 우리 자신만의 여정과 계획이 있다. 치유를 좌우하는 것은 기꺼이 자기 자신을 내보이고, 자기 인생을 위해서 존재하려는 마음뿐이다.

얼마 전에 명상을 하는데 커다란 내면의 목소리가 내게 이렇게 말을 걸어왔다.

"인생에 참여하는 정도와 치유의 정도는 정비례한다."

언제 치유가 될지, 언제 답을 얻게 될지를 궁금해하는 대신에 인생 자체에 충실하라는 의미였다. 그 이후로 나는 언제 치유될지에 초점을 맞추는 대신 치유의 과정에 나를 쏟아부었고, 스스로 각 단계를 거치며 기꺼이 배웠다. 내 인생과 나 자신을 온전히 내보였다.

당신의 경우도 마찬가지다. 치유되는 것에 초점을 맞추는 대신 그저 과정에 집중해야 한다. 과정 자체가 실제로 세상을 치유하기 때문이다. 자기 자신을 고양시키고 자신만의 행복에 초점을 맞추면 세상에 대고 "나와 내 건강이 중요해."라고 말할 수 있게 될 것이다. 그러면 그 말이 다른 사람들에게 영감을 주게 된다. 다른 사람들도 자기 자신을 돌보고 자기 건강을 챙기는 데 관심을 갖게 될 테니까.

Q&A

자기 자신에게 이런 질문을 해보자.

"치유되어야 하는 고통은 무엇인가?"

원칙 14

**당신은 선물이다.
살아 있는 게 행운임을 되새겨라**

최근에 감사가 지닌 강력한 힘을 경험한 적이 있었다. 이국의
어느 숙소에서 막 잠자리에 들 때였다. 나는 그곳에 한 달간
머물면서 글을 쓸 예정이었는데, 그 순간 내 속에서 이런 말이
터져 나왔다.

"내 인생에서 어떤 것도 바꿀 필요가 없어. 난 내 인생을 사
랑해. 나 자신을 사랑해. 너무 감사해."

나는 새로 발견한 그 황홀한 감정을 간직하고 싶었다. 그래
서 모든 것을 만끽했다. 그 행복 전부를, 내 인생 전부를, 그 공
간에 떠돌던 평화를 흠뻑 빨아들였다. 내가 우주였고, 우주가
나였다. 불완전함 속에서 완벽함을 느꼈다. 아무런 기대도 하

지 않았고 걱정도 없었다. 그저 존재했다. 그 순간에 살아 있었고 모든 것을 있는 그대로 완전히 끌어안고 있었다. 사랑과 감사의 힘이었다.

이처럼 자기 자신을 사랑하면 평화가 곳곳에 퍼진다. 모든 것에 감사하면 자기 자신으로 존재하는 상태의 진실하고 강력한 힘을 보게 된다. 나는 속으로 이렇게 생각했다.

'내 인생을 너무나도 사랑해. 나 자신을 너무나도 사랑해. 나는 지금 이상적인 삶을 살고 있어. 내가 이 삶을 만들어냈어. 이런 일이 벌어지도록 내가 선택했어.'

순수하고 편견 없는 지복의 순간은 그때껏 내가 상상했던 것과는 전혀 다른 느낌이었다. 나는 그러한 평화를 수년 동안 찾아다녔다. 그리고 그러한 감정이 결코 나의 외부에 있지 않다는 사실을 분명히 알게 되었다. 그것은 언제나 나와 함께 있었다. 그저 순리에 맡겨둬야 했다. 자기 자신을 할퀴고, 바꾸고, 다른 존재로 만들려고 애쓰는 대신에 그냥 자기 자신으로 있으면 된다. 있는 그대로 충분하다. 우리가 해야 할 일은 자기 자신을 그냥 놔두는 것뿐이다.

평생 찾아다닌 듯한 기분이 들고서야 나는 천국이 바로 자기애에서 비롯된다는 것을 분명히 깨닫게 되었다. 많은 사람들이 그런 감정을 좇지만 그것을 발견하려면 오직 하나의 실험만이 필요하다. 우리가 지금 실천하고 있는 이 엄청난 여정 전체, 자기를 사랑하는 거대한 실험 말이다. 그 안에 뛰어들어서 모든 것을 이해하려는 욕구를 놓아버리면 천국이라고밖에 달리 표현할 길이 없는 상태에 이른다. 천국에 이른 듯한 그 지복의 순간을 느꼈을 때 계속 유지하려고 애쓸 필요는 없다. 그저 그 감정과 함께 있으면 된다. 한순간일 뿐이더라도 그 순간에 순수하게 항복하면 그 감정이 영원히 지속될 수 있다. 그런 감정을 맛보고 나면 일상에 숨은 가치를 알게 된다. 자신이 사는 목적, 사랑하는 목적, 자기 자신을 사랑받게 하는 목적, 모든 것의 목적을 알게 된다. 그리고 그 모든 것을 축복하게 된다. 당신의 인생이 진실로 이 세상에 귀중하고 특별한 선물이기 때문이다.

Q&A
"살아 있는 것 자체에 감사할 수 있는가?"

원칙 15

자기애는 무슨 일을 하는지에 관한 것이 아니다. 어떻게 사는지에 관한 것이다

자기애는 얻기 위해 애써야 하는 게 아니다. 고군분투하면서 자기 자신으로 존재하는 과정 안에 있는 것이 아니다. 그냥 있는 그대로 존재할 수 있게 할 때가 바로 자기애가 빛나는 순간이다. 되어야 하고, 바꾸고, 고치고, 수정할 것은 하나도 없다. 있는 그대로 충분하다. 성장하기를 멈추고 목표를 설정하지 말라는 얘기가 아니다. 오히려 우리는 그렇게 함으로써 항상 바라는 존재로 성장하고 있다. 하지만 억지로 자기 자신에게 달라지라고 요구하거나 원래와 다른 상태가 되라고 강요하면 정말로 원하는 것, 즉 평온함 속에 머물 수 없다. 자기애는 말이나 겉모습에 관한 것이 아니다. 어떻게 살기로 선택하느냐에 관한 것이다.

자기애 실험을 통해서 나는 내면의 바람들이 실제로 이뤄지는 과정에 나 자신을 바침으로써 그것을 찾았다. 나에게는 실현되기를 원하는 꿈들, 마음속에 불쑥불쑥 나타나는 암시들이 있었다.

'6개월 동안 외국에 살면서 여러 나라에서 글을 쓰면 멋지지 않을까?'

'내 신체 사이즈가 어떻든 나 자신을 사랑한다면 멋지지 않을까?'

'내가 나의 가장 친한 친구가 되고 나로 존재하는 것에 행복을 느끼면 멋지지 않을까?'

'나의 존재감을 확인하기 위해서 반드시 연애를 할 필요가 없다면 멋지지 않을까?'

자기애는 방법에 관한 것이 아니다. 자신이 어떻게 느끼고, 어떤 방식의 삶을 추구하는지에 대한 것이다. 당신은 지금 어떻게 살고 있는가? 사랑하고 있는가? 큰 꿈을 꾸고 있는가? 자기 자신을 내보이고 있는가?

자기애는 자기 자신에게 줄 수 있는 가장 위대한 선물이다. 하지만 이미 갖고 있는 선물이기도 하다. 있는 그대로 자기 자신이 되기만 하면 된다. 그걸로 충분하다. 자기애 실험이 나에게 준 가장 위대한 선물은 자기 수용과 기꺼이 '나'로 존재하려는 마음이었다. 인생이 잘못되고 있다는 걱정, 내가 잘못 살고 있다는 근심, 내 선택이 잘못됐다는 두려움 없이 말이다.

자기 자신을 사랑하는지 여부는 그 사람의 주변에서 느껴지는 기운으로 알 수 있다. 그런 사람의 주변에는 강력한 고요함과 깊은 연민이 있다.

언젠가 내 인생의 스승에게 이렇게 물은 적이 있다.

"선생님, 인간에게 가장 큰 위협은 뭔가요?"

그러자 그는 이렇게 답했다.

"그건 바로 자기애의 결여죠."

모든 것은 자기와의 관계로 되돌아온다. 자기 자신을 사랑하지 않는 사람들은 두려움과 함께 있다. 두려움은 전쟁, 탐욕, 분노 같은 것들을 초래한다. 하지만 사랑은? 사랑은 이 세상에 진정으로 영향을 미치는 유일한 방법이다. 사랑은 언제나 승리하고 곳곳에 퍼진다. 이것이 바로 자기애 실험의 힘이다.

우리는 불완전함 속에서 있는 그대로 완벽하다. 인생은 당신이 시작하게 될 가장 위대한 여정이다. 자기 자신을 사랑할 때 모험은 놀라운 경험이 된다. 당신과 나, 그리고 우리 인생이 다함께 경이로운 걸작을 탄생시키는 질료가 된다. 진실한 자기애가 있으면 뭐든지 다 가능하기 때문이다.

Q&A

"자, 이제 자기애를 실천할 준비가 되었는가?"

자기애 실험 일지 프롬프터

자기애에 이르는 데 있어서
큰 부분을 차지하는 것이
바로 자문과 자각이다. 일지 쓰기는
내 여정의 중요한 과정이었다.
그래서 과정이 진행되는 내내
주요 질문에 답할 수 있도록
이 부분을 만들었다.
펜과 종이를 꺼내고 자기 마음으로의
여정을 즐기기 바란다.

1 내가 만들어낼 수 있는 건강한 변화는 무엇인가?

---

2 내가 더 훈련받을 수 있는 영역은 어디인가?

---

3 내 몸이 나를 위해서 품고 있는 메시지는 무엇인가?

---

4 인생의 이 단계에서 내가 바꿀 수 없는 것은 무엇인가,
그것을 어떻게 받아들일 수 있는가?

---

5 걱정하지 않는다면 무슨 생각을 하고 뭘 하면서 시간을 보내게 될까?

---

6 지금 나는 성장하는 데 도움이 되는 일을 겪는 중인가?
아니면 최근의 성장을 축하하는 중인가?

_____

7 성장하면서 누구의 사랑을 가장 갈망했나?

_____

8 그 사람을 위해서 나는 어떤 사람이 되어야 했나?

_____

9 그 사람을 탓하는 것은 무엇 때문인가?

_____

10 (그런 상황이 없었더라면 지금의 내가 되지 않았을) 그 사람이 준 선물은
무엇인가?

_____

11 어떻게 해야 그 사람을 용서하고 과거로부터 온 고통을 날려버릴 수 있을까?

_____

12 어린 나를 위해서 나는 어떤 사람이 되어야 하는가?

_____

13 살아 있고, 최고의 자아와 연결되어 있다는 기분을 느끼려면 어떤 변화를 만들어내야 하는가?

_____

14 더 균형 잡히고 자유로운 기분을 느끼려면 무엇을 기꺼이 놓아버려야 하는가?

_____

15 오늘 어떻게 하면 나 자신을 더 내보일 수 있을까?

_____

16 나는 어떤 기분을 느끼고 싶어 하는가?

_____

17 지금 나를 곤란하게 하는 현재의 상황에서 나오는 좋은 점은 무엇인가?

_____

18 나와 다른 사람들의 관계, 나와 나 자신과의 관계의 특징은 무엇인가?

_____

19 껄끄럽거나 한쪽으로 치우친 느낌이 드는 관계는 무엇인가?

_____

20 어떻게 나 자신을 더 많이 보살필 수 있을까?

_____

21 현재 내 수중에 없는, 내게 필요한 것은 무엇인가?

---

22 가장 필요한 것을 나에게 어떻게 줄 수 있을까?

---

23 오히려 진짜 나를 드러낼 수 있는 인생의 영역은 무엇인가?

---

24 어떻게 하면 내가 원하는 것에 더 집중할 수 있을까?

---

25 나 자신과 관련해서 어떤 자질을 고맙게 여기는가?

---

26 사랑하는 사람들과의 커뮤니티에 나는 어떤 기여를 하고 있는가?

_____

27 늘 하고 싶었지만 스스로 할 수 있게 해주지 않았던 것은 무엇인가?

_____

28 나에게 가장 중요한 것은 무엇인가?

_____

29 내가 사랑하고 마음을 쓰는 사람들을 위해서 어떤 사람이 되고 싶은가?

_____

30 어떻게 하면 오늘 나 자신을 더 사랑할 수 있을까?

_____

진정한 나를 발견하는
90일 셀프 러브 프로젝트

그냥 이대로
나를 사랑해

1판 1쇄 발행 2017년 12월 26일
개정판 발행 2018년 7월 27일

지은이 섀넌 카이저
옮긴이 손성화
발행인 이상규

메이킹 스태프
브랜드 총괄 한상만
기획 안소연
1판 편집 전채연·이효선
개정판 편집 장기영
표지 디자인 제이알컴
본문 디자인 고희선

출판 브랜드 **움직이는서재**
주소 06168 서울시 강남구 삼성로 512, 10층
주문 및 문의 전화 (031) 977-5364 | 팩스 (031) 977-5365
독자 의견 및 투고 원고 이메일 goldapple01@naver.com
블로그 http://blog.naver.com/movinglibrary
포스트 http://post.naver.com/movinglibrary

발행처 (주)인터파크
임프린트 **움직이는서재** 출판등록 제2015-000081호

ISBN 979-11-86592-46-5 03190
책값은 뒤표지에 있습니다. 파본은 바꾸어 드립니다.
움직이는서재는 (주)인터파크의 출판 브랜드입니다.